◎ 美联储主席金融文萃

危机与复苏

CRISIS AND RECOVERY

[美]艾伦·格林斯潘
本·伯南克
珍妮特·耶伦 ◎ 著

戚克栴 ◎ 译著

首都经济贸易大学出版社
Capital University of Economics and Business Press
·北 京·

图书在版编目（CIP）数据

危机与复苏/（美）格林斯潘等著；戚克栴译著．--北京：首都经济贸易大学出版社，2019.4

ISBN 978-7-5638-2846-3

Ⅰ.①危…　Ⅱ.①格…　②戚…　Ⅲ.①金融危机—文集　Ⅳ.①F830.99-53

中国版本图书馆 CIP 数据核字（2018）第 190467 号

危机与复苏

［美］艾伦·格林斯潘　本·伯南克　珍妮特·耶伦　著

戚克栴　译著

责任编辑　陈　侃

封面设计　砚祥志远·激光照排　TEL：010-65976003

出版发行　首都经济贸易大学出版社

地　　址　北京市朝阳区红庙（邮编 100026）

电　　话　（010）65976483　65065761　65071505（传真）

网　　址　http：//www.sjmcb.com

E-mail　publish@cueb.edu.cn

经　　销　全国新华书店

照　　排　北京砚祥志远激光照排技术有限公司

印　　刷　北京九州迅驰传媒文化有限公司

开　　本　710 毫米×1000 毫米　1/16

字　　数　255 千字

印　　张　14.5

版　　次　2019 年 4 月第 1 版　2022 年 11 月第 1 版第 4 次印刷

书　　号　ISBN 978-7-5638-2846-3

定　　价　56.00 元

《美联储主席金融文萃》

总　序

自20世纪90年代后期以来，全球经济发展尽管取得了巨大的成就，但是也经历了诸多曲折，其中最为突出的经济问题在于：金融危机的屡次爆发给各国经济发展带来了巨大的冲击。在此之前的一段时间，金融危机主要出现在发展中国家，危机原因以外债和货币危机为主；然而，进入21世纪后，包括美国在内的许多发达国家都遭遇了新的危机困扰。最典型的例子就是2007年美国“次贷”危机及随后引发的全球金融风暴，以及2010年起始于希腊并迅速蔓延至西班牙、葡萄牙和爱尔兰等国的欧洲主权债务危机。

为应对金融危机产生的流动性枯竭给实体经济带来的致命打击，美联储先后开展了三轮量化宽松（QE）政策，缓解了金融机构的燃眉之急，压低了长期国债利率，刺激了实体经济的有效需求。根据摩根大通银行的统计，本轮美国经济的扩张已经持续了长达108个月之久，位居历史第二位。美国股市也因为经济的企稳向好而走出了一段大牛市，持续了近十年的时间，成为历史上持续时间最长的牛市。

虽然全球经济（尤其是美国经济）复苏势头强劲，但金融危机的周期性特征使得世界经济笼罩在新一轮发展周期危机的阴影之下。现存的有可能引爆下一轮危机的因素包括：本轮全球经济复苏动力依然不足，存在贸易摩擦和税收竞争等问题；全球资产价格，尤其是美国股市，仍处在历史高位；发达经济体货币政策的调整对发展中经济体产生了负面溢出效应；全球债务规模仍然居高不下；地缘政治风险较大。鉴于以上原因，同时结合20世纪80年代以来金融危机爆发的历史经验，有学者预测，未来三四年内全球存在再次爆发大规模金融危机的可能性。

最近一个时期以来，世界经济增长面临的不稳定因素也开始增多。一是贸易保护主义思潮涌动。特朗普政府高举“美国优先”大旗，借助于“301调查”等一系列手段，给当前全球经济赖以增长和繁荣的贸易体系与产业分工格局带来了严重冲击。二是美联储货币政策持续收紧。历史上美联储启动每一轮加息周期都会通过债务负担、货币汇率、资本流动、国际贸易等渠道对新兴经济体造成重大的金融冲击。美联储的“加息与缩表”进程的不断推进，导致全球经济增长压力和变数不断增大。三是地缘博弈此起彼伏，大国关系进入分化重组新拐点，国际热点事件频发，全球地缘政治秩序更趋复杂多变。在此背景下，全球经济、贸易、投资、生产等活动放缓，主要经济体走势分化，金融市场和石油等大宗商品价格大幅波动，不确定因素明显增多，经济下行风险明显加大。

美国“次贷”危机及随后的全面金融危机给全球金融系统造成了极大破坏，使得世界经济经历了自20世纪30年代以来最大的衰退。金融界和学术界普遍将本次金融危机归结于政府对房地产金融以及欧洲主权债务的过于放任、纵容。危机发生后，各国政府和国际组织以防范危机为契机，启动了全方位和深层次的金融监管改革，全球进入了强化金融监管的阶段，全球金融监管体系进一步得到了完善。

“次贷”危机后，特别是党的十八大以来，中国进一步加强了金融监管，不断推进监管模式、监管架构以及监管细节等方面的改革，使得经济和金融系统抗风险能力有了较大的提高。但是，目前中国金融系统依然存在一些亟待解决的问题，如金融杠杆率过高、影子银行缺乏监管、金融“脱实向虚”现象严重、金融犯罪猖獗及监管制度有待完善等，因此，我们需要进一步加强对金融体系的监管。

然而，随着美国经济的好转以及特朗普政府推行“美国优先”的战略，全球范围内贸易保护主义、逆全球化及民粹主义逐步抬头。其中引人注目的一项举动是：特朗普政府采取多项措施为金融机构松绑，金融去监管倾向明显，使得全球金融监管体系出现了新动态，多年来全球形成的严监管体系面临着新的挑战。

2017 年 6 月 8 日，美国国会众议院通过了《金融 CHOICE 法案》（法案全称是《为投资者、消费者和企业家创造希望与机会的金融法案》，*Financial Creating Hope and Opportunity for Investors*，*Consumers and Entrepreneurs Act*）。法案要求：废除沃克规则等不利于市场流动性的规定；重组消费者金融保护局，减小其对市场的干预；取消金融稳定监管委员会对系统重要性机构的确认权；放松对资本充足率较高的银行的监管。由于该法案企图完全废除 2010 年生效的《多德—弗兰克法案》，因此没有在参议院获得通过。然而，2018 年 3 月，美国参议院通过了《经济增长、放松金融监管及消费者保护法案》；该法案得到了民主和共和两党的共同支持，最终于 2018 年 5 月 25 日正式成为法律，标志着特朗普执政下美国去监管改革的一次巨大成功，这将会给将来的全球金融监管体系产生深远的影响。

全球经济失衡问题由来已久。关于全球经济失衡，迄今为止学界尚未形成一致认同的定义和理论。最早使用全球经济失衡概念的是国际货币基金组织前总裁罗德里戈·拉托。2005 年 2 月，罗德里戈拉托在题为《纠正全球经济失衡——避免相互指责》的演讲中正式使用了这一术语，并指出，当前全球经济失衡的主要表现是美国经常账户赤字庞大、债务增长迅速，而日本、中国和亚洲其他主要新兴市场国家对美国持有大量贸易盈余。因此，目前，人们对全球经济失衡的理解是，在全球化背景下，经济发展过程中出现的一种市场供求不平衡、世界各国国际收支不稳定的现象，其具体表现为，一国拥有大量贸易赤字，而与该国贸易赤字相对应的贸易盈余则集中在其他一些国家。

全球经济失衡一直是世界经济发展的常态与基本规律，尤其是在第二次世界大战以后，全球经济失衡的状态越来越明显。对于全球经济失衡问题的主角美国来说，其经常账户逆差自 1995 年开始不断扩大；此后，从 2006 年到 2015 年，美国数据显示美国对华贸易逆差由 2 505 亿美元逐渐扩大至 3 864. 5 亿美元，中国已成为美国最大的逆差来源地。2017 年 9 月，美国商务部公布的数据表明，美国经常项目逆差依然在不断扩大。包括美国在内的许多国家的学者认为，美国经常项目的逆差是不可持续的，如果不及时进行调整，势必会影响到全球经济的平衡以及世界经济的可持续发展。

自特朗普执政开始，美国进行了一系列的贸易改革，不断朝着贸易保护主义方向推进，对全球经济失衡问题产生了一定的影响。特朗普执政后不久，就宣布退出《跨太平洋伙伴关系协定》（TPP），转向双边磋商；随后，又宣称要重新谈判《北美自由贸易协定》，并要求对以前签订的贸易协定进行审查，重新谈判。特朗普政府的种种政策都呈现出“反全球化”的特点。与此同时，在中国提出的“一带一路”倡议下，沿线国家的经济结构也在发生改变。随着“一带一路”沿线国家之间经济合作的不断推进，经济全球化将继续深入，在促进沿线国家产业结构升级的基础上，进一步推动全球经济的再平衡。

全球化的发展的确与全球经济失衡存在一定的关系。当今世界经济全球化程度不断加深，导致产品生产和出口集中在亚洲国家，造成发达国家贸易逆差与亚洲国家贸易顺差并存的失衡状态。但是，将全球经济失衡的责任完全归咎于全球化，很显然是不恰当的。全球化是经济发展的必然趋势，各国都从中获得了相应的经济利益。如果各国逆全球化潮流而动，通过采取诸如汇率战和贸易战之类的单边主义行动来片面追求自身利益的最大化，最终必将导致世界经济陷入无止境的混乱之中。

特朗普认为，全球化导致了美国制造业不断外流，在美国的金融、高科技等高端产业向全球不断扩张的同时，美国的钢铁、汽车、纺织等产业的就业损失惨重。特朗普宣称，要通过“制造业回流”政策让美国人重新获得工作，因此，其产业政策的重心已经由新兴产业转移到能给美国带来就业和贸易出口的钢铁、汽车、纺织等传统优势产业。虽然“制造业回流”政策对纠正全球经济失衡有一定的帮助，但是，特朗普政府违背国际规则而采取贸易保护主义的做法，对维护全球经济平衡并没有太大的作用。追求全球经济平衡，需要世界各国彼此合作。纵然一国可以暂时通过牺牲别国利益来谋求和实现本国国际收支平衡，但是越来越多的事实证明，任何一个国家只有在同时兼顾别国利益的前提下才能实现本国国际收支的长期均衡。因此，全球经济失衡的治理要依赖世界各国的共同努力。

当经济受到系统性危机冲击并陷入衰退时，经济实际上面临着通货紧缩的压力，经济政策的主要任务是稳定金融市场并刺激经济复苏。特别是，由于金融市场流动性迅速枯竭导致金融市场功能受到严重损害，中央银行应切实履行最后贷款人职责，确保金融体系稳定。在危机救助和流动性支持方面，除了传统的贴现窗口对金融机构提供流动性支持外，美联储大量创新政策工具，向金融市场提供流动性，成功消除了恐慌情绪，使金融市场逐步回归常态。在货币政策方面，各国在采取超低（零）利率政策的同时，还开展了量化宽松、前瞻性指引等大量非常规货币政策。

基于对20世纪30年代大萧条的经验认识，尽管名义利率水平可能已经非常低，但实际利率仍然非常高，因此降低目标利率的政策是合适的。而且，在危机不断加重和市场动荡的情况下，即使是零利率对于经济增长也可能无能为力。为此，只能采取非常规政策手段，通过中央银行资产负债表的变化，购买债券以扩张中央银行资产规模，向经济注入大量资金，以此促进经济的稳定和恢复。大量经验研究表明，量化宽松这一非常规货币政策有效稳定了金融市场条件，避免了全球金融危机和“欧债”危机爆发之后，金融环境的进一步恶化，在降低失业率并稳定通货膨胀率方面起到了很好的作用。前瞻性指引政策强化了市场低利率预期，有效促进了失业和通胀的稳定。

但是，由于各国应对危机时过度依赖货币政策，财政政策及其他结构性改革进展缓慢，非常规货币政策边际效果有限，容易引发资产泡沫，加大经济的不确定性，致使政策退出更加困难，监管、税收等政策可能存在过度调整，影响了经济复苏进程，各国政策外溢性加大和货币决策自主性下降，容易引发竞争性贬值和共同停滞。因此，作为“一剂”应对全球金融危机的“猛药”，非常规的宽松性货币政策虽然效果显著，但也容易带来不可低估的副作用。如何选择恰当的货币政策，仍然需要进一步探索。

总之，经过各国政府的共同努力，全球经济虽然已经从上一轮的危机中得到恢复，但是，在保持全球经济的持续平衡发展、维护金融体系的稳定以及采用恰当的货币政策等方面，各国都面临着巨大的挑战。正确认识当前复杂多变的国际经济和金融环境，深刻反思全球经济发展的内在矛盾，探寻一条更可持续、更加均衡、更为健康的全球经济发展之路，仍然是摆在我们面前的一项艰巨任务。为此，在中国经济进入新时代、全球经济面临重大转折的时刻，我们以近数十年以来，美联储的主要领导人在各种重要场合发表的讲话为基础，编译了这套丛书，希望读者能够从中了解他们在关于金融危机防范、经济稳定增长和货币政策实践等方面做出的各种论述及观点，以扩大我们的视野，加深对当前全球经济问题的理解，从而有助于进一步推动中国经济的长期平稳发展。

目　录

前　言

2018 年年底至 2019 年年初的冬天，似乎前所未有地冷。金融去杠杆、产业结构调整及房地产调控在长期将给中国经济带来巨大裨益，但在短期却产生了改革开放以来从未有过的压力。中美贸易战尽管已进入相对缓和期，但市场对中美关系前景并不乐观，资本市场估值更是接近历史低点。国际学界则不时出现中国会发生金融危机的言论，就像过去 40 年中任何一个时间点一样。

我对中国的经济前景充满信心，这源于中国多层次的经济发展水平、多元化的区域经济互补以及中国经济体制改革的进一步演进。可是，这一切并不意味着我们无需关注金融危机，反之，我们要用“放大镜”去研究西方应对近二三十年来金融危机的理论与实战工具箱，而这正是我决定投入大量时间，撰写、翻译此书的根本原因。

为什么要编写这本书？

这本书的立意很简单，就是在 2008 年全球金融危机爆发十周年，在美国经济彻底走出衰退之际，回顾三任美联储主席格林斯潘、伯南克及耶伦自 20 世纪 90 年代以来关于国际金融危机及复苏的经典演讲，并以原汁原味、讲话实录的方式呈现给中国读者、经济学者与政策制定者们。

在西方经济学中，经济周期理论有一套完整成型的体系。其意不言自明，即周期性的经济与金融危机在市场经济中是不可避免的，是会定期发生的，必须有应对的理论与策略。中国改革开放 40 年来，从未发生过金融与经济危机，这既是我们每一个人值得庆幸的，也是未来爆发危机的引线。人人皆知，过去 40 年没有危机，并不意味着未来 40 年就一定没有危机。于是，我们不得不思考如何避免未来的危机，或者尽量延后危机，以及如何在危机发生时尽快实现复苏等问题。这也正是本书踽踽探寻的回答。

中华民族距离伟大复兴，从未像今天这样近。只要中国在未来 20—30 年内不发生金融经济危机，按照 5%—6% 左右的速度增长，实现民族伟大复兴指日可待。因此，这本书的目的，就是划定防范中国发生金融危机的红线，助力经济可持续发展，以期在本世纪中叶实现民族伟大复兴。

本书的三位主人公与演讲者，既是美联储主席、经济学家、华尔街风向标，又是应对金融危机的斗士与一线总指挥。他们在历次金融危机中留下的演讲资料，无疑是防止与应对金融危机的宝贵资料与历史见证。

本书的结构

本书以三任美联储主席为界，划分成三个部分，即：格林斯潘：自由市场主义的信奉者；伯南克：金融危机的“救火队长”；耶伦：金融监管的“守门人”。

格林斯潘既是一个成功的华尔街创业者，又是一个卓越的政治家，其任期之长（19 年）已成为一个难以打破的纪录。格林斯潘的演讲以其华丽的辞藻与煽情的表述方式而著称。同样令人印象深刻的是他对金融危机的认知，以及他对政府应干预经济到何种程度的认识的改变。从他的七篇演讲实录的题目上即可看出，他如何将亚洲金融危机的认定从“动荡”“亚洲金融危机”“新兴市场经济体的危机”逐渐演变到“全球金融危机”。而这正是演讲实录的动人之处，其真实、准确地记录了处于世界经济核心的美联储主席的言辞与心迹历程。类似地，即使是这位坚定的自由市场主义信奉者，在经历了墨西哥、亚洲及俄罗斯金融危机后，也不得不承认，在金融危机中“政府安全网”、“干预措施”及“官方援助”是不可或缺的。

伯南克是一个出色的经济学家，其众多学术研究成果及构思严谨、脚注明晰的演讲，都证明了这一点。称其为金融危机的“救火队长”丝毫也不言过其实。他经历了自20世纪30年代“大萧条”以来世界历史上最严重的一次金融危机——2008年全球金融危机（美联储称之为“大衰退”），而且经过了伯南克主导的持之以恒的金融调整，使美国最终逐渐从衰退中走出。他的七篇文章更是精彩纷呈，主题包括：危机发生与第一时间的“政策反应”；一年后的“年末反思”；危机对“经济学的启示”；大衰退对“中央银行理论与实践的影响”；“经济复苏”政策以及“监测金融体系”等。如果说格林斯潘的演讲类似于就职演说的话，伯南克的演讲则更像科学严谨的论文，加上他所经历的特殊“危急时刻”和理想的复苏结果，其演讲稿可谓抵御金融危机与实现经济复苏的世界级经典之作。

与伯南克一样，耶伦也是一位出色的经济学家。她是美国历史上迄今为止唯一的一位女央行行长，同时也是美国政府体系内担任最高级别职务的杰出女性之一。说到耶伦，不得不提一下她的丈夫，诺贝尔经济学奖获得者乔治·阿克洛夫，他因在不对称信息理论中引入著名的“柠檬市场”（或称“次品市场”）模型，而在经济学界闻名。耶伦的七篇文章既充满了经济学的严谨，又不乏女性领导者的细致与细腻，主题包括：“小企业”在复苏尤其是就业中的作用；“金融稳定”与价格稳定的关系；危机前、危机中与危机后的“宏观经济政策”（货币与财政政策）；对“太大而不能倒”金融机构的监管；美联储“货币政策工具包”的过去、现在和未来；危机后的“宏观经济学研究”以及“非常规政策工具”在危机中的使用及其未来等。

本书的用途

由于本书汇集了关于金融危机与经济复苏的经典之作，而且贴近现实，因此是中国读者理解当代世界经济体系与美国经济制度的理想读本。对于公务员、各类金融机构从业人员、大学及研究机构师生，亦是理想的学习读物。笔者希望借本书真实的语言和临近的场景，让大家对金融危机有切实的认识，并把防范意识与防范手段运用到现实中来。

贡献与致谢

本书的创意是我与首都经济贸易大学出版社的薛捷编辑及田新民老师的讨论中碰撞出来的。大约是一年前，耶伦即将离任，他们敏锐地抓住了金融时事的主题与经济时代走势的脉搏，提出了本书的思路，为此书的顺利出版打下了坚实的基础。薛捷老师思维清晰，干净利落，我曾数度要与他合作，今日终成正果，实为欣慰。还要感谢出版社的陈侃老师，是他的精益求精与全力支持，使本书获得了出色的品质。

本书的基础翻译工作由三人共同完成，由我总纂并逐字修改，并撰写了三部分的概述部分。其中，第一部分由张秋若翻译，第二部分由我本人翻译，第三部分由戚恺林翻译。她们都做出了出色的贡献，展现了远远超过同龄人的学术和翻译水平。

本书的成功出版也离不开我在望华资本（Merger China Group）的同事，他们在本书的修订过程中给予了支持。更重要的是，我在工作业务繁忙之际抽出时间翻译此书，无疑减少了对工作的投入，而他们依然出色完成了望华的各项工作，并不断取得成绩，在此我为他们的工作点一个赞。

还需要感谢的是我的博士导师王东京教授，他对我关于经济危机与资本项目开放条件研究的博士论文的指导，为本书的选题及出版奠定了坚实的基础。

最后也是最重要的是，我要感谢我的家人——我的旅行作家太太严俊女士与聪明的女儿，她们是我生活中永远的动力与港湾。我还要感谢我的父亲、姐姐及其他亲人对我的一贯支持，以及远在天堂，但心与我同在的母亲。

长话短说，让我们屏息静气，打开书卷，伴随当代世界金融史的三位西方经济巨匠，感受近年历次金融危机，从中找到应对危机、实现复苏的思想和方法吧！

戚克栴

望华资本创始人

2019 年 1 月 25 日

于北京华贸

第一部分

格林斯潘：自由市场主义的信奉者

格林斯潘：自由市场主义的信奉者

艾伦·格林斯潘（Alan Greenspan）生于1926年，亦即20世纪30年代席卷全球资本主义世界的“大萧条”前夜。他出生在纽约一个股票经纪人家庭，并在纽约大学获得经济学学士、硕士学位。后来到哥伦比亚大学攻读经济学博士，其间因工作辍学，直至1997年，才戴上母校的博士帽。在此期间，他曾与人联合创业开了一家经济咨询公司，为企业提供经济预测与咨询服务，并在华尔街赢得了“最精明的证券商”的美名。1966年，通过学生时代爵士乐队老板的引荐，他认识了尼克松，从此开始了自己的政治生涯。1974年，他出任尼克松政府的美国经济顾问委员会主席一职。里根当选总统后，他担任美国全国社保改革委员会主席。1987年，他接替保罗·沃尔克，被里根总统任命为新的美联储主席，直至2006年1月卸任，时间跨越19个年头，是美国历史上任职最久的美联储主席，也是美国担任高级政府职位任期最久的官员之一。

在美国，格林斯潘被称为仅次于总统的“美国第二大有影响力的人物”。在全球金融界，他被描述为“打一个喷嚏，全世界投资人都会伤风。”由于所处位置的核心性、敏感性，格林斯潘充分发挥了其源自母亲的音乐禀赋，演讲既充满激情，极具煽动性，令人倍受鼓舞，又有些让人抓不住方向，云里雾里，不知所云，摸不清他对市场的最真实判断。这些特点也充分反映在本书所节选的格林斯潘关于1997年的东亚金融危机与应对的七篇经典演讲中。

1997年7月2日，泰国放弃固定汇率制度，泰铢当日大跌17%。

之后，很快演变成亚洲货币危机，马来西亚、印度尼西亚、韩国、日本，以及中国香港、中国台湾几乎无一幸免。但危机未止于亚洲，1998 年 9 月 2 日，俄罗斯宣布推迟外债偿还，当日卢布贬值 70%，股市大跌。欧美投资人在亚洲、俄罗斯的投资损失惨重。欧美资本市场本身也陷入恐慌性的剧烈波动之中。东亚金融危机演变成全球性的金融危机。本书节选的格林斯潘演讲稿，正是选自 1997 年 10 月至 2000 年 7 月之间。

在危机初期，1997 年 10 月，格林斯潘在美国国会发表了《全球金融市场的动荡》的证词。他称亚洲的事件为“东南亚货币危机”，并表示“对美国经济的直接影响一直不太显著”，原因是相关国家“金融体系不够健全”、“贷款标准松懈”、“监管机制薄弱”与“固定汇率制度的压力”。1997 年 12 月，他以《经济增长与灵活性》为题，总结了“亚洲金融危机”的经验教训并首次用“金融危机”字样描述该事件，将危机归于亚洲国家的“经济体制僵化”，以及政府“在资源配置方面发挥重大影响”“政策性贷款”“造成资源滥用”。即使在全球危机如此严重的情况下，他依然提出“政府和国际金融机构不应当直接参与干预经济”，“否则就会产生不正当的激励措施风险”，集中彰显了其自由市场主义者的本质，而这与 10 年后美国次贷危机爆发时美联储的实际做法大相径庭。

1998 年 2 月，在美国参议院的证词中，格林斯潘将“亚洲金融危机”与 1994 年的墨西哥金融危机均称作“高科技国际金融体系”的一个副产品。他还归纳了造成危机的主要因素，包括：①高杠杆率；②利率与货币风险；③脆弱的银行体系；④银行间资金，特别是跨境资金流动；⑤道德风险；⑥脆弱的中央银行；⑦证券市场薄弱；⑧法律结构不完善。他强调了政府行为的影响，例如，“公共和私人责任之间的分界线变得模糊不清”导致道德风险；“东亚地区央行无法抵制短期内的政治压力”；“一个有效的竞争性市场体系需要法治，以严格限制政府对企业纠纷的任意侵犯”等。1998 年 9 月，在俄罗斯金融危机爆发之后，他在美国参议院再次做出证词。他表示，发达国家的“高杠杆率”、“资本”和“外汇”的缺乏、“银行业监管薄弱”以及“金融和法律基础设施缺乏”等因素，导致了“新兴市场经济体危机”；同时他承认，“近期发展对美国经济的抑制作用可能会加剧”。

1999 年 9 月，格林斯潘在世界银行和国际货币基金组织的研讨会上，发表了《全球金融危机的反思》。他将这次危机称为“全球金融危机”。他总结美国之所以 1998 年来陷入经济停顿，是因为“银行取代了资本市场”，在俄罗斯违约事件发生后，“美国的公开资本市场几乎全部被占领”。他将银行为主的贷款市场与投资银行为主的资本市场并列为两大融资中介渠道，并强调了两个市场应当同时高度发展并完善，以在危急时刻互为补充。他认为，东亚主要依赖银行，除此之外，“没有备用选择”（即高度复杂、完善的资本市场）。他强调，亚洲国家资本市场“缺乏适当的会计惯例、破产条款和公司治理”，如果没有这些问题，“1997 年危机冲击的后果会大不相同”。1999 年 10 月，他在货币审计局的讲话中，对金融风险管理的缺陷发表了自己的观点。他指出：“风险管理者需要对其模型的假设进行压力测试，并留出更高的应急边际资源，即储备或资本，来弥补投资者失去信心时会出现的损失。”同时，他还指出了所谓“老把式”的经验和判断力的价值，“先进复杂风险模型的出现，并没有使那些头发花白，或者完全没有头发苦心钻研结构模型的人被时代抛弃”。

2000 年 7 月，格林斯潘在纽约对外关系委员会“金融危机会议”上的讲话，已是亚洲金融危机爆发 3 周年之后。他再次提到了所谓“更新的形式与金融中介层次的重要性”。他强调，“近几十年来，多渠道金融中介很好地服务了美国，特别是在 20 世纪 80 年代后期信贷危机期间，以及最近的俄罗斯违约引发的 1998 年资本市场冻结时期”。他指出，“日本的金融体系几乎是完全依赖银行的金融中介典型”。“这使人们揣测，如果这些经济体不如此依赖银行作为金融中介的主要手段，东亚近期的问题是否不会那么严重。”他说，“银行作为高杠杆化的机构，在其整个历史上，都会阶段性地陷入危机。”他指出：“在19世纪的美国，银行实际上是唯一的金融中介，那么诸多的银行危机应会阶段性地使我们的经济停滞不前，而实际情况也是如此。”

如同他的人生经历一样，出生、成长、学习、工作在纽约及华尔街的格林斯潘是一个地地道道的自由市场主义信奉者。在他煽情的华丽字句之后，他所坚信的是：充分有效的自由市场运行机制与国际资本自由流动对国际贸易及世界人民福祉有重大的贡献；金融中介尤其是多渠道成熟金融中介共存对抵御金融危机具有特殊价值；政府行为对金融市场会产生误导及道德风险；金融风险存在合理的估价模型等。诚然，其所信奉的有些理念不无道理，例如，充分发展先进的资本市场对银行贷款市场不可或缺的补充作用等；但其所坚持的一些理念，如政府不直接进行干预，美国等发达国家有着先进、完备的法律、贷款承销等基础设施，这些在2008年源自美国的全球金融危机中，与美国及其他主要发达国家的实际表现却截然不同，而西方发达资本市场的固有问题亦暴露无遗。尤其应当注意的是，作为一个发展中国家，中国如果完全开放资本市场（即资本项目开放），将面临国际资本市场传导的巨大风险，加上我们自身的经验缺乏及政治意识形态差异，很可能将自身置于险境。而正如格林斯潘所说，新兴经济体经历如此的危机，是其必须经历的过程与付出的代价，对国际金融体系的建设甚至美国经济不无好处。因此，我们必须牢记于此，如果我们要避免大的经济动荡，必须避免周期性经济危机；过早、过快地开放，必然加大外因型经济危机的风险。我们应借助格林斯潘的建议，一方面踏踏实实练好内功，把中国银行体系建牢建好；另一方面，要加快建立高度发达的，有完备法律、财务、监管基础设施的多要素、多类型的资本市场，预防周期性金融危机的不测。

全球金融市场的动荡

格林斯潘主席

美国国会联合经济委员会

1997 年 10 月 29 日

今天我的发言将主要谈论当下全球金融市场的巨大动荡。

近几个月来，美国经济表现持续良好。全球来看，尽管劳动力市场不断收紧，但是经济增长似乎依然强劲，通货膨胀率甚至不断下降。我们的经济发展长期处于良好的经济增长期，而这必然与通货膨胀联系在一起。美联储致力于努力延续这一良好表现，我们将密切关注经济和金融市场的发展并评估其影响。

尽管在过去的 24 小时内，全球股市大幅反弹，但是美国和其他地区股市的整体下滑使得投资者的资产比一周前缩水不少，企业也面临更高的资本成本。然而，如果金融市场衰退的情况不会继续恶化，我们可以想象几年之后当我们回顾今天的事件时，就如同我们现在回顾 1987 年的金融市场崩盘一样，会觉得这是一个对宏观经济有益的事件。

1987 年的经济动荡发生时，美国经济出现了严重的通货膨胀（简称“通胀”），而市场价值的下降一定程度上中和了这种通胀。正如我最近所提到的，当下的经济正以不可持续的速度开发着劳动力资源，其中部分原因在于财富对需求的巨大影响。但是最近几天市场的净收缩将会阻碍这种动力，这一发展将有助于保持我们持续了六年半的经济扩张。

正如我以前曾提到的，自 1995 年年初以来，股票价格的大部分涨幅都反映了长期盈利预期的上调，这意味着利润率在现有的高水平上一直不断上升。但我怀疑外国子公司的预期收益正在下降，而且投资者也可能正在重新审视国内收益增长的预期。不过，良好业务表现的基础依然稳固。事实上，最近几个月的国民经济数据也开始支持收入增长的回升是基于生产率增长的观点。

同时，我也怀疑美国的盈利预期和股价将面临再次调整。东南亚的货币危机以及其他地区股票价格的下降对美国企业盈利有直接的影响，但还不足以解释近期的金融市场行为。即使不是因为东南亚的事态发展，其他的事情也会成为重新评估近期金融市场行为的导火索。

虽然在过去的六个月中生产率似乎已经回升，但正如我过去所指出的那样，生产率的加速增长幅度已经足够填补劳动力需求和供给之间的长期缺口的论断可能是过于乐观的。判断这是否会是一个可持续的改善过程需要一些时间。

令人遗憾的是，在过去的一年里，生产率正在加速提高的观点已经慢慢地从合理的转变为不太可信的，而这往往暗示着我们不再需要担心通胀会再次上升的风险。美联储可不赞同我们对未来价格前景的过度乐观的看法。然而，最近美国经济的表现令人鼓舞，正如我以前经常提到的，基本面变化的速度在减慢，因此我们需要在决策时评估各种生产性资源的供需平衡。

股市最近的发展凸显了国内金融市场之间日益频繁的互动。国际金融体系以技术为基础搭建的架构，使我们能够大幅提高资本和支付系统的效率。然而，这种改善也提高了金融体系的问题在全球范围内从一个地区向另一个地区蔓延的可能性。最近的金融动荡就是一个很好的例子。我相信，近期亚洲金融动荡的经验可以用来改善国际金融体系的运作及其对国际贸易的支持，并以此提高全球人民的生活水平。

虽然每个亚洲经济体在许多方面都有所不同，但是近年来这些国家的经济增长和涌现出的问题却都紧密相关。

20 世纪 60 年代和 70 年代以来，第二次世界大战后初期的政策有助于保持低水平的通货膨胀率和经济体的开放，再加上高储蓄率和高投资率，经济持续高速增长。到20世纪80年代，该地区大多数经济体都在蓬勃发展，外资净流入快速增长，尽管近年来增长有所放缓。据世界银行统计数据显示：1990年，亚太地区的长期债务、外国直接投资和股权收购净流入仅为250亿美元左右；但1996年，这一数字爆炸性地增长到1 100多亿美元。

这一迅速扩张的主要推动力是20世纪90年代的全球股市热潮。在这一热潮的推进下，许多工业化国家的投资者发现，许多情况下，自己关注的发达国家估值较高的公司的回报率已经下降到不及亚洲新兴国家公司的潜在盈利水平。由此产生的多样化投资选择导致这些经济体的资金流入急剧增加。资金流入在很大程度上来自美国和西欧。也有相当数量的资金来自日本，因为日本投资者寻求的是更高的收益率，而不是股价上涨和资本利得。日元在1995年中期的上涨也鼓励了日本对外直接投资的大幅增加。回想起来，这些经济体流入的资金显然比在适度风险下其有效使用的资金要多得多。

我认为，在通货膨胀率低、经济快速增长和流动性充足的情况下，大量投资会不可避免地进入房地产行业，尤其是公共和私营部门都重视的建设项目。当然，这些房地产资产最终会成为国内金融体系资产中一部分资产的抵押品。在许多情况下，这些金融体系还不够健全，存在贷款标准松懈、监管机制薄弱以及资本不足等问题。

而且在大多数情况下，这些经济体的货币与美元紧密挂钩。自1995年年中以来，美元的大幅升值，特别是相对于日元的升值，使这些经济体的出口竞争力下降。此外，在某些情况下，1996年的半导体供应过剩也抑制了其出口增长，进一步给高杠杆业务带来压力。

然而，国内生产总值总体增长率只是略有下降，而实际汇率上涨则刺激了进口，导致一些经济体的经常账户盈余难以持续。而且，由于汇率与美元牢固挂钩，美元和日元利率低于本国货币利率，因此流入这些经济体的大部分资金，特别是短期流入资金都最终以外币形式借款借入，这给企业增加了通过出口赚取外汇的压力。

随着外国投资者放缓新的资本流入的步伐，固定汇率制度的压力加大；同时国内企业越来越希望将本币兑换成外币，或者减缓了出口收入转换为本国货币的过程。未来投资风险的增加导致亚洲股票市场行情急剧下滑。

迄今为止，这些事态的发展对美国经济的直接影响一直不太显著，但也并不是可以忽视的。美国对泰国、菲律宾、印度尼西亚和马来西亚（最初受到影响的四个国家）的出口在 1996 年占美国出口总额的 4% 左右；同时，另有 12% 出口到韩国、新加坡，以及中国香港地区、中国台湾地区（最近受到影响的国家或地区）。因此，鉴于增长速度放缓，我们的出口增长速度也将趋于缓和。我们对这些地区经济的直接外国投资和外国附属公司收益在各自总额中所占份额，比在出口份额中所占份额还要小。尽管如此，这一份额足以使未来的整体收入有所下降。此外，日本等与这些亚洲国家（地区）竞争的国家对美国实体经济可能会有间接影响。

过去几个月中特别麻烦的是，随着投资者逐渐感知到类似的脆弱性，一个经济体将会向另一个经济体传播类似的疲软效应。就连像中国香港地区这样拥有强大的国际储备、平衡的外部账户和相对稳健的金融体系的经济体，最近也面临着巨大的压力。人们不停地争论，最近拉丁美洲资产价值的动荡是反映了亚洲的传染效应，还是受美国金融市场的影响，抑或是由于本土产生的原因。无论答案如何，这一现象都表明了当今世界经济和金融体系中相互依存的关系。

过去，亚洲地区经济体一直保持着令人印象深刻的快速增长，而现在将不可避免地暂时放缓甚至暂停。但是对于努力发展先进技术的发展中国家，高速增长也是可持续的。尽管如此，经济快速发展的自由市场经济也可能会陷入周期性的困境，因为在任何动态经济中，投资失误都是不可避免的，私人资本流动可能暂时出现问题。在这种情况下，应该允许企业违约，让私人投资者承担损失。政府的政策应该为重新扩张而奠定宏观经济的结构基础，新的增长机会也会出现。同样，在提供任何国际财政援助时，我们需要注意，要最大限度地减少国际机构对失败的国内企业负债的责任，否则可能导致投资扭曲，最终导致全球金融体系失衡。

亚洲近期的发展凸显了财务健康的国内银行及其相关金融机构的重要性。虽然目前的动荡与国际金融体系有相互作用，但只有在长期房地产贷款并未加剧国内金融体系的资产和负债期限错配的情况下，危机才能被更好地控制。因此储蓄在贷款危机中至关重要。

最近亚洲经济的决策者正在努力克服试图脱离世界贸易和金融体系的国内压力。而在这些国家当局努力的同时，国际货币基金组织、世界银行和亚洲开发银行也在大力协助它们，以维持金融体系和经济体系的稳定。

正如我刚才所指出的，近期亚洲货币市场的金融动荡目前看来不会威胁到美国的繁荣，但我们需要与各国领导人和国际金融界密切合作，以确保其市场稳定。为了美国和世界其他国家的共同利益，我们应当鼓励适当的政策调整，并在必要时提供临时的财政援助。

经济增长与灵活性
——亚洲金融危机的经验与教训

格林斯潘主席

纽约经济俱乐部

1997 年 12 月 2 日

全球金融体系的显著进步确实提高了资本和支付的效率。但是，这些进步也提高了该系统在全球范围内传播蔓延金融风险的能力。最近几周的事件就凸显了这一弊端。我们从这些事件的经验中汲取的教训可以改善国际金融体系的运作，而国际金融体系的改善有助于促进全世界人民生活水平的提高。

当前的危机可能会使许多亚洲国家的政府投资部分解体。金融在实现这些国家的目标方面曾发挥了关键作用，但这种体系不可避免地会导致过度投资和其他问题。

银行定向贷款融资的政府导向型生产不能适应国内消费品或出口市场需求的不断变化。近年来，全球产品和金融市场的加速开放为所有国家都带来了巨大的长期利益。然而，它也暴露了一个问题，快速且严重的经济制度僵化使得政府与大型工业集团合作，并在资源配置方面施加重大影响。在国内应用技术与世界标准之间差距很大的情况下，这种体系可以实现高速增长，例如 20 世纪六七十年代的苏联以及八九十年代的东南亚。但随着差距的缩小，这些体系处理日益复杂的经济问题的能力显著下降。

相比之下，在西方发达经济体，市场力量可以更自由地决定生产进度。企业对自由市场价格变化的迅速反应使得未售出商品的储备能力减弱，另外未满足的需求会产生短缺。当下技术的进步大大缩短了业务响应时间，从而提高了市场机制的有效性。

大多数亚洲决策者虽然为近几十年经济的巨大成功感到自豪，但也意识到应该向更加开放和灵活的经济体学习。他们已经意识到自身制度存在的问题，并且认识到新的全球市场力量的无情性。毫无疑问，目前的危机将加速这一趋势。虽然这样的转变一时难以实现，但我们坚信危机只是暂时的，更强大的个体经济和更有效的国际经济金融体系一定会出现。

虽然每个亚洲经济体在许多方面都有所不同，但是近年来这些国家的经济增长和涌现出的一些问题都紧密相关。

自 20 世纪六七十年代以来①，第二次世界大战后初期的政策有助于保持低水平的通货膨胀率和经济体的开放，再加上高储蓄率和高投资率，经济获得持续高速增长。到 20 世纪 80 年代，亚洲地区大多数经济体都在蓬勃发展，外资净流入快速增长，但近年来增长有所放缓。世界银行统计数据显示：1990 年，亚太地区的长期债务、外国直接投资和股权收购净流入仅为 250 亿美元左右；但 1996 年，这一数字爆炸性地增长到1 100 多亿美元。

亚洲经济体持续、惊人的增长形成了投资者对亚洲市场在同等风险水平下的高回报预期。这一迅速扩张的主要推动力是 20 世纪 90 年代的全球股市热潮。随着这一热潮的推进，许多工业化国家的投资者发现自己关注的发达国家估值较高的公司的回报率在许多情况下已经下降到不及亚洲新兴国家公司的潜在盈利水平。由此产生的多样化投资选择导致这些经济体的资金流入急剧增加。资金流入在很大程度上来自美国和西

① 译者注：自这一段始的八个自然段内容与《全球金融市场的动荡》中的部分内容相同。

欧。也有相当数量的资金来自日本，因为日本投资者寻求的是更高的收益率，而不是股价上涨和资本利得。日元在1995年中期的上涨也鼓励了日本对外直接投资的大幅增加。

回想起来，这些经济体流入的资金显然比在适度风险下获得合理回报所需的资金要多得多。我认为，在低通货膨胀率、经济快速增长和流动性充足的情况下，大量投资会不可避免地进入房地产行业，尤其是公共和私营部门都重视的建设项目。当然，这些房地产资产最终会成为国内金融体系中一部分资产的抵押品。在许多情况下，这些金融体系还不够健全，存在贷款标准松懈、监管机制薄弱以及资本不足等问题。

同时，企业的高杠杆率增加了金融体系的脆弱性。企业借贷是为了保持高股本回报率，而薄弱的金融体系对此缺乏严格管制。另外，政府对债务的明确担保，或投资界对此类担保的假设，鼓励了贷款人放松警惕，从而提高了杠杆率。但是，最近的危机已经证明，高负债几乎无法承受一丁点利率上升或者经济增长放缓的压力。

而且，快速增长的外汇债务是汇率与美元挂钩的结果，这给公司带来了赚取外汇的压力，但赚取外汇变得越来越困难。自1995年年中以来，美元的大幅升值，特别是相对于日元的升值，使其出口竞争力下降。此外，在某些情况下，1996年半导体供应过剩也抑制了其出口增长，进一步给高杠杆业务带来压力。

对固定汇率制度的压力与日俱增。面对越来越暗淡的盈利前景，新增资本流入的速度放缓。由于担心货币贬值，许多本土的亚洲企业越来越希望将本币兑换成外币，从而减缓了出口收入转换为本国货币的过程，因此各国纷纷提高了利率。对于固定汇率和高杠杆经济体而言，增速放缓和利率上升导致借款人（尤其是那些有固定义务的借款人）遇到困难只是时间问题。

特别麻烦的是，在过去几个月中，随着投资者逐渐感知到类似的脆弱性，一个经济体将会向另一个经济体传播类似的疲软效应。这是一个老问题。当投资者因不确定性而感到恐惧不安时，他们中很多人会放弃承诺，国家和货币之间细微的（收益）差别就不复存在了。因此，一种避险投资的做法就是往发达国家投资。

考虑到这种情况，亚洲地区经济体虽然在过去一直保持着令人印象深刻的快速增长，而现在将不可避免地放缓甚至暂停，但我认为这只是暂时的。因为在追赶现有先进技术的情况下，只要其市场全面开放，新兴经济体就能够获得高于平均水平的增长，并可以长期持续下去。尽管如此，自由市场，即使是部分自由市场的经济，也会定期陷入周期性的困境，因为投资失误总会发生。而且，正如我前面提到的，这些错误中有许多是由政府指导或影响的投资引起的。当这种情况发生时，私人资本流动可能暂时会出现问题。在这种情况下，应该允许企业违约，让私人投资者承担损失。政府的政策应该为了重新扩张而奠定宏观经济的结构基础，新的增长机会也会随之出现。

虽然亚洲国家的经济通常具有经常账户赤字、大额外汇敞口以及汇率波动限制等特点，但我们不能一概而论。

大规模的经常项目赤字本身并不危险，因为如果这些赤字是由直接投资流入造成的，那么这些流入不会迅速撤出，而且投资回报足以补偿投资者。如果头寸得到妥善管理，同时管理者认识到风险，那么外汇敞口不一定会成为问题。固定汇率也不一定是问题。事实上，如果固定汇率能够持续下去，该制度还会在国际交易中以较低风险和较低成本创造广泛的收益。但是一个小的开放经济体，只有在一定条件下，才能维持固定的硬通货汇率。例如，奥地利和荷兰能够将自己的货币与德国马克挂钩，是因为它们的经济通过与德国的贸易而紧密联系在一起，它们还体现了德国联邦银行的货币政策，并且实施审慎的财政政策。如果不是因为国家认同和铸币特权问题，它们可以很容易以马克作为本国货币，而不会造成任何经济上的干扰。其他经济体，如阿根廷和中国香港地区，主要通过货币委员会确定汇率，美元储备的变化直接影响到这些经济体的汇率基础。

但是，只要汇率是固定的，则无论有无货币委员会，如果小型经济体的货币政策和财政政策与所绑定汇率的大经济体相差甚远，那么小型经济体的固定汇率必须基于外汇储备。庞大的外汇储备可以延迟汇率调整。然而，如果政策不一致或者小国的定价体系不灵活，那么庞大的外汇储备也无法最终阻止汇率调整。

一个运作良好的国际金融体系将努力修正政策协调和汇率上的异常情况。在这样的制度下，利用上述正常的套利机会，将迫使价格变化，直到达到预期收益平衡。对于采取不适当货币政策的国家决策者来说，资本流出经常被视为货币投机者攻击的机会。毫无疑问，这样的攻击有时会成功，但是投机者很少能够成功地推翻牢固植根于兼容政策与成本结构的汇率制度。更多的时候，投机活动迫使货币通过套利与基本市场价值趋于一致，从而更加符合国际经济金融体系的整体利益。我们曾经把资本外逃描述为“热钱”，但我们很快就认识到，这不是资金“热”，而是这些资金去的地方“热”。

近年来，跨境金融交易的快速扩张使套利机会大幅收紧。但是，需要重申的是，其给贸易和生活水平提高带来的不可估量的好处也是有代价的。在这个过程中，无法避免的投资失误和政府政策失误会比20年前甚至10年前更快地蔓延到其他市场。此外，没有证据表明金融交易的增长速度在未来几年会大幅下降。

科技将继续降低利用世界各地风险调整收益率的成本差异，进一步引导投资者最有效地使用资本。交易活跃的利率产品的回报率在许多工业化国家之间已经持平了。

但是，全球储蓄和投资市场的大规模整合显然还没有实现，主要是因为投资者害怕在他们不了解的国家进行投资，或者他们根本不知道这样的机会。

在全球投资中，一个所谓“本土偏见”的衡量标准，就是看投资组合能够保持本地投资的程度。例如，外国投资品占美国资本的投资组合的比例平均不到10%，日本资本中外国投资品的比例只是略高一点，而德国投资组合中有15%是国外资产。英国是一个例外，由于其更长时期的全球金融参与，1/3的投资组合都投资于外国资产。

虽然投资的本土偏见比十年前要少得多，但我们还远未实现全球化。除非政府的限制扩大到日益复杂的金融产品，否则，地球上某个地方的储户将通过投资另一个地区的金融产品来降低风险，本土偏见将继续减弱，国际金融体系的规模将继续扩大。这将有效地提高国际金融体系整体的多样性，降低风险，促进全球经济体系日益高效地运作，从而提升世界人民的生活水准。

但是有人问，如此复杂的金融体系的成本是否过高？实际上，如果放慢一点速度，或者只是建设一个对错误比较宽容的金融体系，即使意识到放慢速度可能会导致长期经济增长放缓。

即使我们能够实施这样的折中，我们应该做这样的尝试吗？几个世纪以来，我们这个社会的一些团体努力抨击并摧毁新的发明。对我们来说幸运的是，勒德分子（Luddites）① 等人的努力都失败了，因此后代才能享受到这些新技术的成果。

而且，这种放缓是不可能的，至少会造成严重干扰和额外的成本。新技术，特别是先进的电信技术，使得开放的市场和相关的机制受到压制非常困难。价格和资本管制在半个世纪前可能是可行的，但是在当今技术先进的环境下将很难实施。可以说，只有大规模的政府控制才能减

① 译者注：指因唯恐失业而反对用机器生产的人群。

缓系统效率的提高。这肯定会对经济增长产生更为负面的影响，甚至连最热心于国际金融体系迅速扩张的倡导者都不会接受。

我认为，经过适当的反思和分析后，金融现代化的步伐放慢实际上并不是一个可行的选择。如果真的放慢现代化的步伐，国际金融界将用怎样的政策选项来遏制自由市场经济中必然会出现的周期性混乱呢？

像所有结构一样，金融体系既是最牢固的也是最薄弱的一环。随着国际金融体系更加复杂，需要解决的问题也发生了变化。尽管可能过于大而化之，但我们来检验一下当前基础设施的关键环节。

如今，工业化国家的交易所和场外交易市场都可以处理大量的交易。即使在新兴国家，交易所也在发展和壮大。而在 1987 年 10 月的全球股市大跌时期，交易系统处于严重的压力之下，有些交易就是由于无法处理巨大的交易量而崩盘的。当时香港证券交易所连续几天暂停营业。而纽约证券交易所在 1987 年 10 月下旬也由于每日近 4 亿股的交易量而受到严重影响，交易报告的时间被拖延、拉长，造成市场不确定性上升，助长了价格下跌。而现在，由于大型基础设施投资的上升，这些问题都迎刃而解。今年 10 月 28 日，纽约证券交易所的股票交易数量接近 12 亿股，是 1987 年的 3 倍，却没有出现任何问题或延误。

最近，我们的股票、债务和外汇交易系统及周边期货和期权市场都在近期的压力下运行良好。这些体系在发达经济体中并非薄弱环节，在大多数其他经济体系中也不薄弱。

复杂的支付体系也未发生问题，它们快速高效地转移着巨额而且日益增长的资金与证券。它在国内和国际的私营和公共部门多年的共同努力下得以壮大，以满足市场日益增长的需求。它们已经启动了降低交易风险的程序，以减少不确定性。它们总体而言十分成功，使得大量资金在近期市场压力下依然可以顺利转移，各种净额结算安排也顺利实现。

银行是另一回事。这些机构都是高度杠杆化的机构，部分依靠银行间债权融资，因此容易出现迅速蔓延的信心危机。在大多数发达国家，银行体系相对稳固。日本是一个例外，但最近也出现了一些积极的迹象，日本银行开始确认损失，政府也似乎在正确地解决这些问题。正如我之前指出的，在许多新兴国家，银行经营状况不佳。宽松的贷款操作造成不良贷款事件频发，在资金支持不足的情况下，银行容易受到借款人抵押资产贬值和不履约事件的影响。

如何提升这种机构的效率，使得这些经济体在我们成熟的国际金融体系中有效运行？改善成本与风险管理，消除不良的贷款行为是一个很好的起点。

但这些不能一蹴而就。具有判断信贷和市场风险经验的贷款人员在新兴经济体中非常缺乏，而培训又要耗费时间。银行监督管理也面临着同样的困难。在国际清算银行、国际货币基金组织和世界银行的共同努力下，最近几年已经取得初步成效，但要培养训练有素的人才和建立合适的系统都需要时间。

而且，健全的银行与金融体系要求坚决执行合同法，坚持透明的、以市场为导向的企业财务报告和治理结构。亚洲目前的危机在很大程度上比以前的危机都要严重，私人债务而非公共债务大量涌现。可以说，对于陷入困境的私人借款人来说，缺乏有效和透明的解决方案使得问题更加难以处理。在债权人遭受损失时，有效的破产程序安排可以减少经常出现的经济活动中断的事件。许多发展中国家对陷入困境的债务人并没有很好的针对性解决办法，结果，这些国家的政府往往不得不出面纾困，而非接受违约的后果。

许多新兴经济体银行体系最棘手的问题是：越来越多的贷款是由"产业政策"要求的而非市场力量驱动的。

贷款政策的问题，也就是政治驱动性贷款有什么问题呢？如果是企业融资扩张，恰好与消费者、企业或海外新兴产品的需求上升相吻合，在这种情况下贷款资金将被有效地使用，贷款人也会在到期时还本付息。然而不幸的是，情况往往不是这样的。政策性贷款在很多情况下会造成资源滥用、无利可图的扩张以及最终的贷款违约。当然，在很多情况下，这些贷款最终得到了政府的担保。如果是本币借款，不考虑通货膨胀的风险，它们可以由印刷机直接提供资金支持。然而，它们往往是外币借款，这导致这些经济体的政府在获得信贷方面面临更大的限制。

金融体系结构的重组虽然是必不可少的环节，但不能一蹴而就。虽然许多亚洲国家的银行体系面临的潜在风险以及对邻国和其他贸易伙伴的潜在蔓延效应应更早被发现并得到解决，但是，当时却是“当局者迷”，无法迅速发现这些问题。此外，各种政治制度都存在着明显的倾向，即政府希望在金融体系和经济政策方面实行主动预防的政策。这往往会否决或推迟适宜的政策调整。最近这些倾向已经被未报告的外汇储备下降、政府发行等值外币债务和大量未报告的新的外汇卖空头寸等现象所证实。政治领导人不会为了以后才会发生的前瞻问题而牺牲巨大的即时政治成本。

现实最终取代了梦想，如果未采取先发制人的未采取，那么延迟政策调整的成本将更具破坏性。提高企业和政府的透明度是促进私人交易者和政府决策者实行更严格金融纪律的关键因素。提高透明度可以部分地消除政治偏见，让所有人看到现行政策在稳定发展过程中将面临的风险。在这种情况下，*不作为*也会被视为具有政治代价。

我们强调国际金融体系的新成员，即新兴经济体，应该加快调整自身金融体系以符合自身利益。但是，由于推迟了及时的重组，现在很多银行的流动性和股本资本都出现了严重短缺。在全面重组之前，这些系统都处于崩溃的严重风险之中。国际货币基金组织和世界银行及其主要股东，希望通过向政府提供临时贷款从而鼓励向这些银行体系注入私人股权。由于任何严重的崩溃可能在世界范围蔓延传播，所以这样做是符合我们的利益的。

必须对这些贷款进行全面的判断。短期债务转化为中期贷款必须依赖于这些国家改革金融体系，并采取合理的经济政策。这种前提条件将加速金融体系的调整，并为恢复可持续增长奠定了基础，同时在一定程度上缓解了当前危机的经济影响。如果没有金融体系和经济政策的进一步改革，那么援助将会产生负面效应，因为它会促成对永久援助的期望。反过来，这又会引起新经济体政府的不正当行为以及新兴经济体中私营部门投资者的不正当行为。国际金融界将支持这些经济体，部分是通过支持它们所承担的义务，促使投资者做出更多的承诺。而在过去，这往往会推动投资扩张超过谨慎投资的范围，因为有盈利的投资机会毕竟是有限的。

随着国际金融体系范围的不断扩大和效率的不断提升，无论是帮助银行还是增加外汇储备，对单一金融危机的程度都会相应地增加。以一概全是不全面的，尽管 20 世纪 80 年代的墨西哥金融危机可能比 1994 年至 1995 年的金融危机更为广泛，但是后者的援助计划规模要远远大于前者。原因是金融体系效率的提高造成了更大的负面溢出效应，因此必须加以遏制。除此之外，从导致危机的银行信贷产品到无记名负债证券化产品等转变使投资解决方案变得更为复杂。

因此，更为重要的是，国际金融体系中的薄弱环节，即新兴经济体的银行体系应该得到加强。我们应该不断完善预防性方案，并在下一次危机之前将其完善到足以有效地阻止或遏制危机。

此外，政府决策者有义务确保不稳定的经济环境不会诱发或加剧国际金融动荡。但政府和国际金融机构应该绝少直接参与，否则就会产生不正当的激励措施风险，因此应该允许市场独立开展工作。

亚洲近期的危机事件加深了我们对当今国际资本流动复杂性和未来可能出现的类似事件可能性的理解。

全球金融体系的快速整合促进了贸易的增长和世界各地人民生活水平的提高。它也迫使我们反思蓬勃发展的金融体系的健全性和可行性。对所有人来说这都是一种压力，我们也应该欢迎这种压力，因为最终的结果一定是非常值得的。

当前亚洲金融危机与国际金融动态

格林斯潘主席

美国参议院对外关系委员会

1998 年 2 月 12 日

全球金融体系近年来发展迅速。新技术从根本上降低了借贷的成本，跨越了传统的国家边界，促进了新交易工具的发展并引入了新的参与方。其中一个结果就是资本流动的大幅增加。信息在世界范围内瞬间传播，导致随之而来的资金供求的巨大变化。

这个迅速膨胀的全球体系已被证明是一个高效的体系，极大地促进了货物和服务的跨境贸易，从而为世界各地人民生活水平提高做出了重大贡献。但这种高效亦使经济薄弱环节很快暴露在风险之中，并受到严厉的惩罚。更令人遗憾的是，其比以往更快速而猛烈地导致了金融动荡的快速传播。

正如我三年前做证词时所说的，当时正在发生的墨西哥危机是我们这个高科技国际金融体系第一次发生类似的事件，目前的亚洲危机是第二次。

我们尚未完全理解这个新体系的动态演进。我们正在快速学习，并需要更新和调整我们的机构和相应做法，以减少新制度体系固有的风险。同时，我们必须用现有的机构和手段应对当前的危机。

许多人认为，应该允许当前的危机自由发展，而不应有国际货币基金组织或其他国家的双边金融支持。他们断言，放任这场危机自由发展，尽管无疑会对亚洲经济增长产生额外的负面影响，并对世界其他地区产生更大的溢出效应，但这不可能对美国或世界其他地区产生巨大或持久的影响。

他们的判断可能是正确的。然而，东亚国家的经济衰退有一个不大但是不可忽视的可能，即对日本、拉丁美洲、东欧以及中欧产生意想不到的负面影响，然后在世界其他地方包括美国产生不良影响。因此，虽然这一结果的可能性不大，但我认为不可对其结果听之任之。我们注意到，当前组织结构下的全球金融市场，并不总是能达到合适的均衡，或者至少需要一段时间才能稳定下来。

反对由国际货币基金组织提供支持的人们还认为，为了减缓不谨慎投资者的损失而投入的大量金融支持会加剧道德风险。当事情进展顺利时，这些人可以获得投资回报；当事情进展不顺利时，如果他们不承受全部的不利结果，就会产生道德风险。显然，这样的激励架构会鼓励过度冒险。毫无疑问，对国际货币基金组织救助的预期，导致了一些不适当的风险承担，尽管有争议，但政府对金融体系不恰当支持的预期恐怕才是过度投机的真凶。无论如何，至少在亚洲的情况下，广泛救助的预期已成为幻想。亚洲的许多投资者至今损失严重。自 1997 年 6 月以来，截至 1 月底，全球范围内的亚洲股权损失（不包括日本公司），预计已超过 7 000 亿美元。其中，美国投资者的损失超过 300 亿美元。债券和房地产市场则损失更多。

此外，对主要与国际货币基金组织贷款相关的政策前提条件（包括金融约束与结构变化）进行调整有助于缓解一些道德风险问题。这些条件对整体稳定工作的成功至关重要。正如我将要讨论的，问题发生的根源在于公共政策不足，导致投资错误并产生了脆弱的金融部门。当然，试图说服一个主权国家，改变自身表现具破坏性的政策并消除对邻国的传染威胁，最好由国际货币基金组织这样的国际金融机构来处理。我们应该支持使用现有的危机应对手段，尽管我们应该努力改善这些机制和体制。

因此，我完全支持白宫要求增加国际货币基金组织财务资源的要求，即增加美国参与新借款安排和增加美国在国际货币基金组织的配额。当然，理想的是，上述两项增加都不需要①，而且资金不被提取。但是，如果事实并非如此，那么最好做好相关准备，因为对尚处于形成过程中的危机，快速反应至关重要。我认为，形成固有的机制亦是十分重要的，例如，美国财政部的交易所稳定基金，该机制允许美国在特殊情况下在短时间内提供临时的双边财务支持（需要满足适当的条件且有时与其他国家共同合作）。

在 11 月中旬的证词中，我尽力阐明了当前危机的根源。今天，我想进一步分析这个问题。

韩国和许多亚洲其他国家的公司通过利用先进技术，已经成为诸多制造业领域的世界级龙头生产商。但在许多情况下，他们允许杠杆率上升到只有持续的、非常高速度的增长方可以维持的水平。然而，增长的步伐注定会放缓。

亚洲经济体在过去的半个世纪都或多或少试图把快速增长与政府指导生产结合起来，这与西方国家中市场驱动经济的情况不同。在政府激励下，一些先进的生产技术从发达市场经济国家被借鉴过来，并应用于低生产率、低工资的发展中国家。因此，对于某些产品，相对于市场经济国家而言，发展中经济体的出口变得更具有竞争力。这导致其整体经济的增长速度远超处于技术前沿的经济体的增长速度，因为后者的增长受到艰辛而缓慢的知识增长的制约。

然而，新兴国家增长在亚洲这种特殊的经济制度中能走多远是有上限的。随着这一进程扩大至超越了几个有选择性的先进技术，*整体*生产率继续提高导致这些经济体的*平均*实际工资不断增长，减弱了早期的低

---

① 译者注：原文有笔误，写成“两项增加都需要”，译者在此予以纠正。

成本竞争优势。因此，出口扩张速度放缓不可避免。此外，1995 年年初以来美元较日元升值，由于东亚经济体的汇率与美元挂钩，导致竞争力下降，使其在本次危机发生前总体经济增长已有所放缓。

多年来，这些国家政府引导国内储蓄增长和资本快速流入，投向政府要求银行提供融资的项目。正如我在之前的证词中所提及的，由于这些项目缺乏真正的市场测试，大部分投资无利可图。只要增长势头强劲，这种非市场配置资源的不利后果就会被掩盖。此外，由于固定汇率体系被认为将继续存在（即使不是无限期地，至少会比贷款期限长），银行和非银行愿意冒险借入美元（无对冲），以获得以美元计价的利率，而这一利率水平总是低于本国货币的利率。西方投资者，特别是美国投资者，将其在 90 年代获得的巨额资本收益部分投资到东亚。回想起来，这些经济体显然无法提供足够的风险合理的盈利机会，来吸收这部分激增的资金。资金流入激增，加上政府规划的扭曲，导致了巨额损失。

随着经济增长不可避免地放缓，企业损失和银行不良贷款激增。银行债务违约的担忧急剧上升，资金来源枯竭，银行资本被迅速侵蚀。在金融体系薄弱、监管体系松散、存款人或债权人保证模糊的情况下，几个国家里发生了银行挤兑，在印度尼西亚则发生了危机。不确定性和紧缩升级。信心对任何被破坏的经济体的正常运营都十分必要。恐惧的扩散与加强形成恶性循环，并具有传染性。一些汇率已经下降到只有对经济运行信心彻底崩溃的情况下才可理解的水平。例如，显而易见的是，印尼盾相对于美元的相对购买力平价，以及相关利率的变化，都无法解释为什么 1998 年年初印尼盾对美元的贬值超过 80%。

近几个月东亚国家汇率的剧烈变化与其他地区情况类似，这显然不是完全源于基本面恶化的判断。更可能的是，其根源既非判断也非理性的推导过程，而是发自内心、令人窒息的恐惧。汇率变化不是由于基本面恶化，而是由于对全球经济运行方式的共识被破坏导致了不确定性，并产生了恐惧。这导致了投资者的大量离场和与实体经济无关的亚洲货币贬值。

三年前，墨西哥也出现过类似的危机，尽管危机程度更轻。1994 年年末，由于政府未能采取迅速有力的行动遏制快速膨胀的经常账户巨额逆差，而这些逆差主要由以美元计价的大量短期流动资金补齐，政府在货币受到对冲基金攻击时，外汇储备迅速流失，无力支持汇率。

尽管还有其他问题，但是这两个危机事件让我们对不断变化的国际金融体系的动态有了更深入的了解。

随着新的更加复杂的金融市场对政府出格行为的惩罚更加严厉，恶性循环出现的次数越来越多。如果它们被触发，就很难控制损失。一旦支持金融体系的信心网被破坏，会很难快速重建。对现行金融系统动态的信心丧失可能会引发金融模式的快速、颠覆性的变化，从而反过来影响汇率和资产价格。此外，投资者对一个经济体的担心可能会出现在其他类似的经济体中，这意味着信心的丧失可能迅速蔓延到其他国家。

在某个时点，经济体系看起来似乎很稳定，在另一个时间点它则如同大坝水位达到了极点一样，洪水（即信心）将要决堤。1987 年 10 月 19 日，美国遭遇了类似的突发情况，股价下跌超过 20%。没有一个可靠理由可以很好地解释为什么在这一天长期估值的基本面爆发如此突然的变化。这种市场恐慌似乎并不是前一个时期的简单连续统一体。这种内爆的突然发生表明了信心可能存在明显的分界线。当跨越信心分界线时，价格自由下滑，并下跌到超出长期均衡水平，直至市场重新稳定。

但是，为什么这些事件会在没有任何明显前兆的情况下突然爆发呢？当然，承担的风险越大，或者说适用于未来产出的折现参数越低，那么受到未来需求假设推动的当前产出的数额就越大（即不确定的部分就越大）。因此，在这种情况下，市场更加脆弱。突然爆发的冲击导致对未来需求预期及风险的修正，以及金融和产品市场萎缩的恶性循环。

恶性循环无法轻易预测得到，正如我们最近的亚洲经验所证明的那样。当然，有指标表明泰国的巨额经常账户赤字是不可持续的。此次危机在7月初由于泰国政府最终被迫放弃固定汇率而被触发，很明显，固定汇率、高杠杆、薄弱的银行和金融体系，以及泰国和其他国家需求下降的致命组合，使得一次经济修正变成了经济崩盘。

通常这些因素的出现会产生适度的紧缩，而不是触发恶性循环下跌的非连续性信心下降。但是，由于短期银行与非银行负债的很大一部分是以外币（主要是美元）计价的，而且并未对冲风险，因此，对本国货币的初始压力显然太大，导致许多东亚经济体的固定汇率结构突然破裂。由于当地货币可以随时无风险地兑换成美元的信念被粉碎，而且他们对当地经济挣取美元外汇以偿还债务的能力也丧失了信心，因此国内外投资者全部转去兑换美元。进而本地货币对美元汇率下跌，导致汇率进一步下滑。

增长速度降低也导致利润预期降低，美元净资本流入减少。这与1996年和1997年上半年的快速增长明显不同。持续强劲的美元偿债需求和不断减少的新资金流入相结合，破坏了以前的固定汇率制度，并导致不确定性和紧缩显著增加，进一步减少了资本流入，降低了当地货币汇率。这种恶性循环将会一直持续，直至要么违约或重组降低偿债义务，要么本地汇率下降，最终导致美元供应上升。

这些致命的原因似乎是墨西哥和亚洲近期发生危机的根源。事实上，它们的流行可能定义了新的高科技国际金融体系的特征。我们永远无法改变人类对不确定性和回撤的自然反应，我们只能努力减少加剧这些因素的不平衡。

尽管，如前所述，我不认为我们对日益发展的高科技金融体系的复杂动态足够了解，但是从墨西哥和亚洲的危机（以及以往的经验）中，我们可以总结出一些非均衡和恶性循环的关键趋势，以使我们未来新的全球经济体系有能力限制危机破坏的范围。这些因素在过去曾是导致国际和国内经济瓦解的因素，但在如今的金融体系中，这些问题更加突出。

1. 杠杆率

在韩国，可能还在泰国、印度尼西亚及其他地方，高杠杆率（债务对股本的比率）似乎都是所有问题的起始点。超高的杠杆率往往是过度冒险的表现，这使得金融体系和经济对信心的丧失十分脆弱。如果资产主要是通过股权来融资的，无法想象会出现在危机中寻求安全的债务工具大量梯流式落下的情景。这种担忧主要与银行和许多其他金融中介机构有关，这些机构的资产流动性比其负债流动性差，并依赖于负债的不断持续来支持它们的生存。此外，金融和非金融企业都可以使用高杠杆来掩盖其基本盈利能力的不足，否则它们就没有足够的资金来缓冲应对波动的环境。

非金融企业的过度杠杆可能会给包括银行在内的贷款人带来问题，这些问题可能反过来蔓延到其他依赖这些贷方的借款人。幸运的是，由于非金融企业向其他企业的贷款比银行向其他银行的贷款少，直接传染的可能性较小。但由于韩国财阀的巨大规模和严重财务困扰，其杠杆问题已成为银行问题的一个重要源头并产生了系统性影响。

2. 利率与货币风险

在收益率曲线普遍上扬的时候，银行倾向于出借长期贷款，进行短期融资，增加利率收入，但同时也增加了流动性风险。这使银行易于受到冲击，尤其是那些净资产比率较低的机构。此外，当金融中介机构寻求低成本、未套期保值的外币融资时，一旦本币币值下跌，存款人挤兑的风险将大幅提升。

3. 脆弱的银行系统

银行在金融市场基础设施中起着至关重要的作用。当它们资本不足、贷款标准不严、监督监管不力时，就会成为国内外系统性风险的来源。缺乏具有判断贷款风险经验的信贷人员会产生巨大的损失，即使贷款不是由于政府引导，或并非为了支持关联公司而发放的。有经验的银行监督与监管不能完全替代不完善的贷款程序，虽然其可能会鼓励有更严格的执行程序。但是很显然，许多新兴经济体甚至连有经验的监管能力都缺乏。

4. 银行间资金，特别是外汇资金

尽管把储蓄分销给最需要使用的地方很重要，但是短期银行间资金，特别是跨境资金，可能会成为国际金融体系的致命要害，因为金融信心对其影响很大。尽管银行间拆借现象在我们国内非常常见，但在国际环境下却可能是特别危险的因素。

5. 道德风险

让货币当局或国际金融机构来拯救失败的金融体系和不合理投资的期望，会产生道德风险和过度冒险的行为。公共和私人责任之间的划分，经常变得模糊不清。

6. 脆弱的中央银行

为了有效地支持货币稳定，中央银行需要独立，这意味着它们的货币政策决策应当不受政治权威的指使。但是，与其他许多地区一样，在东亚，各中央银行无法抵制专注于短期利益的政治压力。

7. 证券市场

近期银行失败的经验说明，如果银行是唯一的中介来源，那么金融系统就会出现问题。银行的崩溃会导致经济增长的急剧下降。而更广泛的非银行机构，包括可持续的债务和股票市场，是银行失败时经济活动的重要保障。

8. 法律结构不完善

最后，一个有效的竞争性市场体系需要法治，以严格限制政府对企业权益的任意侵犯。

违约和重组并不总是可以避免的。实际上，正如约瑟夫·熊彼特（Joseph Schumpeter）所说，“创造性破坏”往往是一个充满活力的市场经济革新的重要元素。但是需要一个高效的破产法规来帮助这个过程，特别是在跨境违约的情况下。

所以，由于“安全网”的存在[①]，利率和货币冒险行为、过度杠杆、薄弱的金融体系和银行间融资等行为被激发并不断涌现。在一国内部，如果没有模拟市场激励的监管架构控制这些金融元素，实现无“安全网”的金融平衡就非常困难。在不同文化背景的主权政府组成的国际领域，实现这种平衡则会更加困难。因此，各经济体已经制定了一套关于国际金融体系运作的条例和公约，我认为这些公约应根据需要进行彻底重审和修改，以适应新的全球环境的需要。对私人金融机构监督和监管的重审，特别是对那些有“安全网”支持的机构的核查，尤为紧迫，因为这些机构在最近的危机中扮演了突出角色。

正如我以前所说，我相信，在这个快速扩张的国际金融体系中，对不利金融动荡的主要保护是有效的交易对手管制，因此政府的监督和监管应该设法去创造一个交易对手方能够有效监控潜在交易信用风险的环境。

在这方面，透明度的显著提高（包括会计和公开披露的改善）至关重要。可以肯定，作为交易的条件，交易对手方之间经常交换在其他情况下视作保密的信息。但是，为了遏制全球金融结构的固有风险，需要广泛、详细地披露政府、金融机构及公司的有关信息。只有当个体市场参与者收到的信息准确无误而且可以满足调整过程的需求时，市场体系才能达到适当的均衡。其中重要的信息包括产品和资产价格、利率、

① 译者注：指隐性的政府担保、干预或破产无法实施。

到期债务、中央银行和私营企业的详细账户。在信息失灵的“失明”情况下，有竞争力的自由市场体系（除非偶然）不会达到稳定均衡。在当今瞬息万变的市场中，生产者需要复杂的信息来打磨生产计划和投资计划，以满足消费者的需求。

在金融体系和经济政策方面，各国政府都希望（或臆想）能有（但可能难以实现的）预防性政策措施。但适当的调整安排经常被否决和推迟。这种掩盖改变需求的倾向，为未报告的官方外汇储备下降、政府发行外币债务、未报告的大额远期外汇空头头寸等消息证实。对很多政治领导人而言，他们很难做到为了遏制前瞻性的问题而付出巨大的、现实的政治成本。

现实最终取代了希望。但延迟的代价是更为突然和更具破坏性的调整。如果采取了预防措施的话，会缓和许多。对于企业、金融机构和政府来说，提高透明度是促进私人交易者和政府决策者更加遵守纪律的关键要素。提高透明度可以部分地消除政治偏见，让所有人看到当前政策发展的稳定性风险。在这种情况下，*不作为*也将被视为具有政治成本。我认为最近发达国家和发展中国家政府在政策上追求更大透明度的努力，就是透明度具有重要意义的有力证据。

透明度对于促进安全和稳健的贷款程序非常重要。当然，如果银行有国家主权信用的担保，则透明度与其本币借贷不甚相关。而且，对于拥有大量复杂内部关联所有权结构的组织和公司来说，透明度变得尤为困难。交叉持有股权常常导致贷款以关联为基础，而非经济价值。

为了实现未来全球金融体系的平衡，必须解决的问题清单可以进一步扩展，但今天的讨论仅限于与目前危机相关的问题。越来越明显的是，监督和监管要尽快处理过多的不良贷款，这些贷款损失的预期值当然应从资本中扣除。但是即使补充了资金，也会由于这些损失估计是不确定的，它们包含了额外的风险溢价，这相应减少了市场对有效权益资本的最佳估计，因此，应该从银行资产负债表中清除这些可疑的资产及相关的风险溢价，并将其分开处理（最好是及时处理）。

作为市场限制与管制放松以及技术快速进步的结果，国际金融体系的扩张速度远远超过国内生产总值和跨境贸易的扩张。为了减少在这样的环境下发生系统性危机的风险，强化市场激励机制，包括对市场信号的更高敏感性，更多的信息，和更广泛的证券市场——伴之以更严格的市场监督——都是至关重要的。很显然，适当的宏观政策如以往一样，应持续贯彻。但是，对微观细节的关注变得越来越紧迫。

无论如何，尽管我们做出了加强风险遏制和预防的努力，但系统仍可能在某些情况下失灵，引发恶性循环并波及其他国家。国际金融支持体系提供的备用资金来源只有在预先达成一致的条件下方可用来解决相应的问题，国际货币基金组织的这项工作可以发挥关键性的稳定作用。但是，这种支持一定是有限度的，因为它的规模不能按照国际金融体系扩张的速度增长。但我怀疑对此是否能获得全球性的政治支持。

最后，我想强调的是，亚洲市场持续存在的大幅波动显示了高度的不确定性和市场恐慌。实施有意义的结构性改革需要大量的新资本注入，而这种注入只有在我们看到资产价格和汇率的剧烈变化逐步缓和时才会实现。

只有在银行和金融体系达到稳定时，这些情形才会发生。东亚脆弱的银行体系在财务压力上升时无法保持稳定，这是当前危机的决定性因素。如果想要恢复在危机中彻底摧毁的市场信心，银行体系的稳定至关重要。

新兴市场经济体的危机

格林斯潘主席

美国参议院预算委员会

1998 年 9 月 23 日

一年多前，在泰国引发的新兴市场经济体危机蔓延到东亚其他经济体和俄罗斯，并且最近又影响了拉美的一些经济体。几乎没有证据表明这种蔓延已经平息。

此外，亚洲出口市场的下滑只会加剧日本的困境，而日本正面临着一系列之前就存在的负面的具有破坏性的银行体系问题。这些问题导致日本经济在战后最长期的衰退。

如几周前我在一所大学向听众所讲的那样，我实在不相信美国或欧洲能够成为长期繁荣的绿洲并不被困难不断增加的世界所影响。

几乎没有迹象表明，去年在亚洲发生的金融危机已经平息或即将平息，因此，世界各地的决策者必须对日益严重的全球危机迹象特别关注，这些问题或危机可能会影响到他们本国的经济。

在新兴市场经过大约六个月的相对稳定之后，8 月中旬，似乎正在朝着不断稳定方向前进的俄罗斯爆发了信用风险，新兴市场又陷入了新的危机。

俄罗斯在世界贸易账户中占比并不大，对国际金融体系的稳定也不是至关重要。尽管如此，其危机的严重程度以及当局无力控制局势的状况，反映了被认为已经缓解的东亚危机实际上在进一步蔓延。

冲击导致新兴市场经济体以美元计价的债券收益率在全球范围内急

剧上升，吞噬了情况截然不同的韩国、巴西、波兰、南非、中国[①]等经济体。可以肯定的是，一些国家的收益率只增加了一到两个百分点，而其他国家的收益率则上涨了十个百分点以上，但所有这些经济体都经历了困难。安全着陆的想法显著增加了对美国国债的需求，其收益率随着国际债券市场上大多数以美元计价的主权债券收益率的上升而下降。

近几周来，国际上的这种转变也导致了美国对风险的担忧，主要是担心这种蔓延会对我们的经济造成不利影响。

我 7 月份在国会作证时，提到国际金融危机的一些影响实际上对美国金融市场和经济是有利的，例如，能够降低家庭和企业的长期利率。然而，危机最近进入了更剧烈的阶段并影响了我们的市场。在全球范围存在巨大不确定性的情况下，对企业利润的担忧以及普遍回避风险的举动压低了股价，推高了低评级借款人的债券利率。金融市场的资金流动至少暂时性中断。发行股票和较低评级公司债券的活动几乎已经停止；即使是投资级公司，也已大幅减少了在资本市场的借贷。银行对许多公司的贷款也变得愈发谨慎且成本高昂。

然而迄今为止没有证据表明，外国的问题或者国内市场金融状况的收紧导致整个美国经济出现明显的弱势。此外，劳动力市场依然紧张，小时薪酬也持续快速增长。尽管如此，总体成本和消费者物价指数的上涨幅度，已被合理的生产率提升、更低的油价和国外市场的竞争抑制在适中的水平。

然而，展望未来，近期情况的发展对美国经济的抑制作用可能会加剧。正如我在上周国会证词中所指出的那样，我们已经可以看到生产受到影响的迹象，尤其在制造业。一些行业的利润令人失望，销售扩张速度变慢，意味着未来几个月内会有一些资本投资计划被推迟。较低的股

① 译者注：源自作者原文，但实际是言过其实的。

价和较高的融资成本会抑制家庭和企业的支出，而更大的不确定性和风险规避也可能导致更谨慎的消费行为。

今年7月就货币政策作证时，我解释说，联邦公开市场操作委员会(FOMC)① 担心对劳工的高需求会对我们的经济产生成本压力，从而影响经济扩张。我还提到，较高的实际联邦基金利率对金融市场其他领域的扩张情形有所抵消。到8月中旬，委员会认为，国外的危机和国内投资者的谨慎行为意味着扩张的风险已被平抑。此后，持续恶化的外国经济及其对国内市场的外溢，增加了美国经济增长放缓、通货膨胀加剧的可能性。

正如我在前面的介绍中所指出的，过去十年计算机和电信技术的巨大进步使金融产品的复杂程度显著提高。大量新债务、股权、混合工具以及新兴的衍生产品推动了风险分拆，这反过来使投资者能够优化（如他们所见）其金融资产组合。这产生了一系列的市场价格和利率，使商业组织越来越趋于生产那些提供最高长期回报率的资本投资，也就是那些与消费者未来价值偏好最一致的投资。这一过程有效地将稀缺的储蓄投入到最有潜力和价值的资本资产中。作为结果，特别是在金融创新最先进的美国，生产率和生活水平显著加速提升。而且，金融部门对该过程日益增加的贡献，也增加了在过去十年中金融对国民收入增长的贡献。

新的金融创新的步伐加快，也促进了跨境投资和贸易的迅速扩张，而且几乎可以肯定的是，促进了那些选择参与被称为新国际金融体系的国家的生活水平显著提高。这个制度是新的，因为其动态比15年或20年前的国际金融结构显著加速。由于采用了更新的技术，市场价格对偏好的微妙变化更为敏感，因此能对这些变化反应得更快。该系统提高了

① 译者注：在本书全文中，联邦公开市场操作委员会与FOMC可互相替代使用。

生活水平，并且对资金滥用更加敏感。该制度比以往更加准确，因为它不仅奖励创新，而且可以约束私人投资或公共政策的错误。

因此，新金融结构发生的危机，虽然具有过去危机的大部分特征，但在很多重要的方面有所不同。目前我们尚不清楚近期的危机是否比以往更深刻，或者还只是更易于被触发而已。

1995 年年初，我把墨西哥危机描述为这个新的国际金融体系的第一次危机。而一年多以前发生在东亚的危机是它的第二次危机。

自墨西哥危机爆发以来，政策制定者一直在加速学习和了解这个新体系如何运作。其中，有些因素是显而易见的。

这些新体系的市场反应如此之敏感，以至于一些新兴市场经济体对美元和其他主要货币的汇率以惊人的幅度下降，达 50% 或以上，而最初这些经济困难看起来是温和的。和二三十年前相比，市场纪律似乎也愈加严厉和不宽容。

在较早的时期，资本可能由于缺乏信息或机会而只流向“完全适合”的盈利环境，而现在则主要转向表现更加出色的企业或经济体。但是在困难时期，资本也易于逃向质量和流动性无可置疑的证券和市场。

国际金融界的长期参与者们已经花费数十年的时间，来建立能够缓冲冲击的复杂金融和法律基础设施及环境。这些基础设施可以阻止对根基牢固的货币发起投机性攻击，因为这些金融体系比较强有力，并且能够经受得起针对攻击而采取的强力政策措施。对于全球金融体系的新参与者而言，他们的机构直至最近尚未经过“大联盟式投球”的严格测试（如果用棒球做类比的话）。

许多新兴市场经济体的情况很具有说明性。在困难的情况下，固定汇率制度经常失败。因此，反映本币贬值概率溢价的本币利率，在固定汇率新兴市场经济体中，几乎总是高于主要经济体货币（通常是美元）

的利率。

这种利率现象及其高风险的不当使用，是当前危机的一个重要元素。东亚和其他地区，曾在一段时间内成功地将货币与美元绑定，但这也不可避免地导致了在国内利率上升时，大量地使用便宜的美元借款，而中介机构则立即获取了贬值风险溢价。当没有套期保值的美元借款数量最终过大时，固定汇率制度不可避免地瓦解了。1992 年，瑞典的大量借款是德国马克，并以更高的利率以瑞典克朗放贷，这导致了类似的危机发生。这种情况并不罕见，说明投资者（即使是老谋深算的投资者）也有这种倾向于赌博的行为。

如果这些经济体中的银行和其他金融机构足够强大且资本充足，那么这些遭遇困难的新兴经济体对汇率的高敏感性就不会是问题。发达国家的银行杠杆率高，但受制于足够有效的监管，所以在大多数国家，银行业的问题不会升级为国际金融危机。新兴国家的大多数银行也是高度杠杆化的，但是对它们的监管往往不足以预先阻止政策失败和金融危机。一些银行的失败对与其有业务往来的其他银行和企业极具传染性。

在这些经济体最近十几年更多地参与国际金融体系之前，新兴市场经济体银行业监管薄弱的问题并不构成世界其他国家的一个主要问题。在金融体系足够强大并足以应付大规模资本意外撤出之前，将经济体暴露于短期资本流入的状态是十分危险的行为。

因此，似乎很清晰，为参与新的高度敏感的国际金融体系设定一些标准对其有效运作至关重要。颁布这些标准有很多方法，而且不会形成具有不恰当的排他性和限制性的“小型俱乐部”。

可以确定的是，在国内金融运行和监督方面，透明度要高许多。这对投资者可以做出更理性的承诺，以及监管者对金融机构承诺是否合理做出更准确的判断，都十分重要。虽然由于国际金融体系的变迁尚未成熟，但对金融体系的更好理解，仍有助于交易对手方更好地评价投资于该金融体系机构的信用状况。然而，没有任何机制可以阻止投资者做出愚蠢的决定，但是如果投资者、监管者和交易对手方得到适当的预先警告，那么未来可能会避免一些近年来发生的错误的投资。

在某种程度上，尽管政策制定者无法预测或评估新金融技术所产生的复杂风险类型，但答案往往是较少的杠杆（即较少的债务）和更多的股权。这样，就会有抵御不利情况传染的更大缓冲能力。

我还必须强调合理的货币和财政政策的突出必要性。它们的“缺席”往往是早期国际金融危机的原因。随着对国际私人资本流动，特别是银行间资本流动的日益重视，有“缺陷”的经济结构中的私人错误判断，是近期问题的主要原因。不恰当的宏观经济政策，也是一些新兴市场经济体发生当前危机的原因之一。

更大的透明度、适当的商业和法律结构以及改善的监管，这些我和我的同事们近几个月反复强调的要素不能立即得以实施，而且这种改善和建设更有效、更稳定的国际金融体系的努力需要一定时间。因此，当前的危机必须通过临时的补救措施来解决。然而，这些补救方法不能与我们进入下个世纪新的国际金融体系的基本原则性意见相矛盾。

全球金融危机的反思

格林斯潘主席

世界银行和国际货币基金组织研讨会

华盛顿

1999 年 9 月 27 日

作为事后总结，我们近两年一直在努力从 1997 至 1998 年的全球金融危机中获得重要的经验教训。初期泰国和印度尼西亚看似独立和有限的经济动荡，之后不断加深与蔓延，直至吞没整个东亚和其他新兴市场经济体，而后波及工业化国家的金融市场。

由于通常的调整过程无法遏制此次金融动荡，这场危机比我们任何人初期预料得都要持久。一个可能的原因是，问题的根源并不是 1997 年春东亚危机发生的那些事件，而是一年前导致部分新兴市场和工业化国家，尤其是美国金融市场出现问题的一个特殊事件。

在 1998 年 8 月发生俄罗斯违约事件后，美国的公开资本市场几乎完全无法运转了。有一段时间，甚至投资级别债券发行人都无法找到合适的投资者。尽管不久后美联储的宽松政策的确有效缓解了危机，但这一举措却无法完全解释为什么大多数市场（尽管不是全部）在几周内大面积显著恢复。金融危机如此之严重，绝非单靠隔夜利率变化 75 个基点就可以治愈的。在一定程度上，如此快的复苏，与其他备份金融机构（尤其是商业银行）替代了公开资本市场的中介职能相关。

随着公债发行量的下降，商业银行贷款加速，有效填补了部分的资金缺口。尽管商业银行家们也趋于避险，但其事先承诺的贷款信用额度，加上联储的宽松货币政策，为企业融资提供了充足的支撑。

由于信贷创造过程得以持续，资本市场动荡对实体经济的影响有所削弱，企业能够维持生产，企业和消费者的信心并没有受到威胁，而恶性循环——金融市场早期中断导致借款人损失和破产，从而进一步侵蚀金融部门——并未形成。

1998 年在美国观察到的情况可推演出一个重要的基本原则，即：如果把经济中存款转化为资本投资有“多渠道”方式，则当主要资本中介失效时，至少我们还有一系列的备份设施。1998 年，美国的银行取代了资本市场。而更多的情况是反之，如同十年前在美国发生的情况。

高度杠杆化的机构，例如银行，本质上会定期“发作”，因为其高杠杆融资的困难会定期出现。银行风险管理的经典问题是：要用合适的杠杆率水平创造足够的股本回报，并且同时确保不会违约。

成功率从来不会是 100%，除非银行获得可信的担保，这一般是指被本国政府担保，而且需要以其负债的货币进行担保。但即使在这种特殊情况下，也非绝对安全，特别是当负债货币是外币时。

1990 年，房地产抵押价值大幅下跌，导致美国银行体系“休克”；而资本市场基本不受房屋价值下降的影响，因此可以替代银行金融中介作用的缺失。有趣的是，当时新近开发的抵押贷款支持证券市场维持了住宅抵押贷款的流动，而不像前几年类似情况发生时大幅收缩。可以说，如果没有资本市场的支持，1991 年的轻微衰退会严重许多。

瑞典与美国类似，企业部门拥有各种非银行资金来源。20 世纪 90 年代初，瑞典的银行贷款集中在房地产领域。当房地产价格崩溃时，政府对银行业进行了大规模的紧急救助。瑞典企业部门复苏较快，部分是由于瑞典当局的救助快速有力，效果显著；但其资金来源的多样性在这一快速复苏中确实发挥了重要作用。

瑞典金融体系克服危机的速度与日本长期存在的问题形成了鲜明的对比，日本的金融体系是典型的银行独有金融中介模式。日本株式会社式的财阀集团体系统，使其集中在一个“主要银行”上，导致企业特别依赖银行信贷。因此，日本银行业危机引起的后果之一就是长期的信贷紧缩。一些日本公司的确抓住了市场的这段松懈期。当地公司债券规模在过去十年间翻了一番还多，而银行贷款总额基本持平。尽管如此，在日本，银行仍然是主要的资金来源，而这种非银行借款的增加并不足以避免信贷紧缩情况的出现。

日本政府已经介入经济，并注入资金以重组银行体系的资本结构。虽然政府已经做出很大的努力，但在实现金融体系的多样化方面尚未取得重大进展。而这可能是促进长期复苏的一个关键因素，尽管不是唯一的因素。日本银行业危机“治愈”的成本最终可能比美国和瑞典高许多，这似乎再一次证明了金融多样性有助于减弱经济冲击的影响。

所以如果东亚的经济体并不如此依赖银行作为其主要金融中介手段，那过去 18 个月东亚的问题到底会有多严重？人们可以很容易地理解，购买未对冲的短期美元负债，投资于泰国国内的泰铢贷款（指望泰铢对美元汇率不变），必将导致在某个时间点泰国银行对外贷款的停止。但为什么经济会因此崩溃呢？如果存在一个运行良好的资本市场，那结果可能会温和许多。

在危机爆发之前，只要经济体快速扩张，而银行信贷保持不良贷款占银行资产总额的比例不变，就没有理由质疑东亚经济近三十年来令人惊叹的快速经济增长，即使主要是通过银行体系融资。只要你没有爆胎，没有备用轮胎就不是问题。

东亚就没有备胎。而美国在 1990 年和 1998 年都有。银行作为高度杠杆化的机构，在其历史上经常阶段性地陷入危机。如果没有备份选择，就会把经济拉下水。人们可能想知道，在 19 世纪的美国，银行几乎是唯一的中介机构，没有替代性的中介渠道，那众多的银行业危机是不是曾周期性地使我们的经济停滞不前？事实确实如此。

在极端情况下，现代中央银行提供了流动性，但恐惧不总是源于现金问题。即使流动性增加，银行在不稳定时期也不放贷。今天的日本银行体系就是一个例子，日本央行创造了大量的流动性，但银行的贷款增加却很少。

由于存在大量价值不确定的不良贷款，日本银行业的资本规模很难判断。近年来周期性爆发的所谓的日本融资溢价，很大程度上证明了个别日本银行可持续发展的不确定性。可以理解，这导致日本银行信贷人员对使用稀缺的银行资本十分谨慎。而且与十年前的美国和瑞典不同的是，日本的其他资金来源不易获得。

瑞典的情况与 20 世纪 80 年代美国的储蓄贷款危机以及日本当前的银行业危机相比，说明了银行业危机中经常涉及的另一个问题：快速的解决方案是非常必要的，而时间的耽搁会大大增加危机的财务成本和经济成本。解决银行业危机经常涉及政府支出，因为政府为银行提供隐含或明确的政府安全网保证。因此，如同我们在储蓄和贷款危机期间看到的那样，政府提高纳税人出资的政治困难通常会导致政府拖延解决问题。延迟当然会增加财务成本并延长信贷紧缩。

过去几十年来，美国和其他国家的历史告诉我们，在经济体中应当存在可互相替代的金融中介，从而使其中一个金融部门遇到冲击时由另一个部门保护经济。而且，多元化金融体系的存在还可在金融体系中起到对危机的绝缘作用。在最近的亚洲金融风暴中，澳大利亚是一个有趣的例子。尽管澳大利亚与亚洲有着密切的贸易和金融关系，但澳大利亚经济几乎没有受到相临经济体传染的迹象，可以说这是因为澳大利亚已经拥有了发达的资本市场和健全的银行体系。此外，金融多样性的益处还可以延伸到经济正常运行的时期。

银行体系作为第一金融中介非常正常。在经济全球化加剧的市场经济中，银行可以汇集有关借款人信用的稀缺信息指导资本配置的决策。

银行体系之外，与其完全不同的资本市场只有在稀缺资源用于建设金融基础设施之时才有可能产生。这是一个艰苦的过程，往往需要几十年后才会见效。因此，特别是在为跨越贫困线而挣扎的新兴经济体，开展这样的工作十分困难。它们认为更有必要把注意力集中在较高的*短期*资本回报项目，而不是更长期内更为温和的回报项目。我们必须不断提醒自己，金融基础设施包含一系列广泛的金融机构，其功能与社会的其他部分一样，要与基础价值体系和时间偏好一致。

从表面上看，金融基础设施似乎是一个严格的技术问题。它包括准确描述公司状况的会计标准，可靠提供财产保护和合同执行的法律制度，预先确定当部分商业决策不可避免地失败时如何索赔的破产条款等。反过来，这样的基础设施又可以提高企业内部的透明度和公司治理程序的透明度，这将有助于利用标准化工具，而不是特殊的银行贷款来交易公开市场上对企业的权利。但这种制度的发展几乎总是由社会的文化塑造的。亚洲对“丢面子”的反感，使其制定类似西方国家的破产程序十分困难。两种文化下，人们对债权债务关系的看法完全不同。可以说，当今俄罗斯的产权概念是受到苏联教育影响的，人们对个人财产所有权持负面看法。公司治理界定了权力的分配，但总是反映了企业交易中当事人互动的最主流社会观点。

因此，把金融基础设施嵌入到一个没有金融基础设施参与即发展起来的经济体中不是一个简单的事情。因此，各国国内金融基础设施（乃至国际金融基础设施的组成部分）想要全面融合是一项非常艰巨的任务。

尽管如此，我认为，如果额外发展资本市场金融中介被视作对本国经济有利的话，那么未来融合的“竞争”压力将会势不可当。此外，更广泛的金融基础设施也可加强银行体系的环境并改善其业绩表现。结果一定是一个更加有力和高效的资本配置过程，正如罗丝·莱文（Ross Levine）和萨拉·泽沃斯（Sara Zervos）最近的一项研究所指出的那样。

这一分析强化了这样的结论，即：金融市场的发展改善了经济表现，超出了银行业独自发展可提供的益处。该结果与金融市场和银行提供了有用但不同类别的金融服务的观点是一致的。

缺乏适当的会计惯例、破产条款和公司治理在近期的几次经济危机中被认定是破坏部分新兴市场经济体发展的因素。这不是偶然的。如果这些方面得以改善，其所支持的资本市场成熟发展，那么遭受 1997 年危机初期冲击的后果会大不相同。

值得注意的是，大多数欧洲国家的金融体系在过去两年中都未受到经济动荡的影响。回顾近几十年来，我们在欧洲大陆很少发现由于房地产繁荣和萧条导致的金融危机或我所提到的美国和日本那样的信贷紧缩。

直到最近，欧洲的金融部门被全方位的银行所垄断，资本市场发展不如美国或英国。这些全方位银行体系的经验表明：以银行为基础的系统，在充分的监督以及强大的法律和监管框架的基础上，有可能有力地运行。

但这些银行体系也有大量公有银行的参与。这些机构很少拥有私营银行为其经济体的繁荣所展现出的活力和创新能力。政府参与经常使资本无法分配至最有效的用途，并影响价格信号的可靠性。但如果市场调节过程不足以防止金融危机，那么银行体系中政府的存在可以提供隐含的资源保证，以保持信贷流动性，即使其对资源的导向不是最佳的。

例如，在德国，公共控制的银行集团占所有银行资产总额的近 40%。在欧洲的其他地方，这个数字要小一些，但仍相当可观。总之，有证据表明，对不稳定信贷危机的保险是以资本使用的低效率为代价的。值得注意的是，这种认识促使欧洲商业银行的政府持股有所下降；同时，先前较小的资本市场加速发展，使欧洲的金融体系向更接近英国和美国的方向改变。

除了在困难时期作为信贷的备用选择之外，多元化资本市场与银行体系的竞争在正常情况下会降低借款人的融资成本。数十年来，资本市场和银行体系相互作用，共同创造、开发和推广新工具，以提高资本创造效率和承担经济风险的能力。大部分产品在银行体系内产生，从针对单个借款人的特殊工具发展至更加标准化的产品。

在标准化程度足够之后，这些产品进入到公开资本市场，交易也扩大到更广泛的借款人阶层，使用更广大群体的储蓄。货币市场共同基金、期货合约、垃圾债券和资产支持证券都是这一过程的实例。

一旦资本市场和交易工具出现，它们就可以为银行提供新选择来对冲其特有风险，并将业务从持有移至开发贷款。银行交易反过来帮助了这些市场的增长。近年来由技术推动的创新促进了这一进程在全球范围内不断扩大。国际投资者在一个国家的交易活动，现在在另一个国家的资本市场被套期保值，就是所谓的代理对冲。

但是，过去两年情况提供的证据充分表明，如果一国国内金融体系不够健全，那么参与新的、复杂全球体系的后果可能是最令人失望的。

改善新兴市场国内银行体系的不足，将有助于减少下一次金融风暴对其实体经济的损害。但是，我认为，如果金融部门内部的多样性能够为处于经济困境的金融问题提供保险，那么采取促进这些经济体资本市场发展的步骤将非常迫切。而建设必要金融基础设施的艰难基础工作——改善会计准则、破产程序、法律框架和信息披露制度——将为本国经济带来红利。

快速发展的国际金融体系显著提升了世界大部分地区提高生活水平

的竞争力。我们应当努力完善各国的金融结构，促进和保护我们的国际金融与交易体系，因为毕竟除了间歇性的衰退外，现代国际金融体系为我们带来了太多好处。

21 世纪的金融风险评估

格林斯潘主席

货币审计局会议

华盛顿

1999 年 10 月 14 日

今天各位讨论的问题之一是金融风险的本质。今晚，我将就金融风险的根源、银行和其他金融中介机构的价值谈谈我个人的观点。从这个角度，我将分析风险管理模型中固有的一些缺陷，及其给风险管理者带来的挑战。

显而易见，风险是所有商业和金融活动所固有的。风险评估也是所有财富估算中的关键因素。我们无法确定任何个体非金融资产能否有产出，我们也无法确定资产可能产生回报的水平。面对这些不确定因素，我们努力估计最可能的长期盈利路径，以及实际结果偏离该路径的可能性，即资产的风险。历史表明，资产价值的每日变动主要反映资产特定的不确定性，但是，特别是在投资组合层面，价值变化也受对整体经济和总体资产价值不确定性看法的驱动。这些对广泛不确定性的看法，体现在将未来预期收益转换为当前现值（或财富）的贴现因子中。

在市场经济条件下，所有的风险都源自持有实际资产或拥有这些资产的无杠杆股权。所有债务工具（实际上也包括股权）根本上是对这些实际资产多头和空头头寸的组合。金融中介的神奇之处在于，虽然它不能改变直接持有实际资产权益的对应风险，但它可通过改变行为方式来重新分配风险。风险的重新分配吸引了更多对实际资产的投资，从而提高了生活水平。

这正是由于金融中介使风险分散多元化，并根据人们对风险的不同态度重新分配风险。任何手段，如果经允许把风险从风险厌恶者转移给愿意承担风险者，都将增加投资，而且不显著增加总体上人们对风险的不舒适感。

事实上，新型金融工具带来的所有增加值都来自对风险的重新分配，其方式是使风险更容易被接受。毫无疑问，保险是这种服务最单纯的形式。近年来创造出来的新型金融工具，尤其是金融衍生品，通过分拆风险，然后以高精准的方式重新分配风险，贡献了经济价值。金融业在美国和其他国家的企业产值中占比不断上升，这也是衡量其提升财富创造经济增加值能力的一个重要指标。

虽然金融中介通过多元化的方式可以降低持有实物资产的风险，但无法改变人类在评价过程中固有的不确定性。在历史的记载中，人类的本质并未随时间改变许多。但是，正如我前面提到的，虽然时间偏好似乎在历史长河中一直相对稳定，但与时间偏好共同确定折现率的因素——对风险和不确定性的认知——显然差别很大。流动性偏好也是一样，因为其本身就是不确定的一个函数。这些不确定性都是风险的来源，而我们经常只把它们视作背景噪音，并没有在我们的风险管理模型中予以体现。

这一判断似乎永远是对的。然而，近年来股权溢价——普通股预期收益率超过无风险利率的利差溢价——的下降，应该促使我们仔细考虑我们资产组合风险管理模型的有力程度，尤其是当风险下降的判断出错时。

关键的问题是：近期股权溢价的下降是永久性的还是暂时性的？如果下降是永久性的，那么投资组合风险管理者不必花费时间重新研究不可能重演的历史。但如果证明下降是暂时性的，那么投资组合风险管理人员可能会发现，他们实际上低估了基于资产市场价值的个人贷款信用风险，并且高估了投资组合多元化的益处。

毫无疑问，近年来信息技术的巨大进步改变了我们的风险评估方式。有的分析师认为，信息技术已经永久性地降低了股权溢价，从而永久性地提高了抵押资产价格，而这是所有金融资产的基础。

当然，信息对风险评估至关重要。对目前市场或企业状况了解越少，预测未来结果的能力就越弱，因此，这些潜在结果就需要打更大的折扣。

另外，实时信息可获得性的提高降低了不确定性，从而降低了我们用来指导投资组合决策的差异。过去五年来，我们在经济和其他方面观察到的股本溢价下跌中至少有一部分并非短暂变化的结果。这大概是技术驱动的信息可获取性永久提高的结果，从定义上讲，这会降低市场不确定性，从而使风险溢价下跌。其中，股权风险溢价下降最为明显。在公司债券市场中，这一点不甚明显，是由于我们不清楚公司债券与国债的相对供应量及其他影响因素是否超过了借款人信息可获取性的影响效果。

当然，技术进步的预期贡献率在过去十年的显著增长也增加了对盈利增长的预期，这一点为 1995 年以来证券分析师对长期收益预期的显著增长证实。虽然股权价值中的更高盈利预期可能会对贴现因子产生溢出效应，但折现率本质上与盈利预期本身无关。

过去十年股权溢价普遍下降并无争议。问题的关键是，下降幅度中，多少反映了不可逆转的新技术？多少是长期企业扩张而无重大调整期的结果？而业务扩张当然是可逆的，尽管技术进步是不可逆的。

有的分析师对股权溢价的下降提出了完全不同的解释。他们断言长期以来，股本回报率一直超过无风险利率，必然会引发学习曲线反应，从而最终消除两个收益率之间的差距。根据这个观点，过去五年的股权溢价下降的大部分（甚至全部）反映了学习曲线反应。我们不能立即忽略这样的观点。我们已经学会了看到日食时不再蜷缩起来，或者看到新汽车的时候不再躲起来。

但是，我们是否在今天股本溢价的下降中，真的观察到了学习曲线由于几十年的数据而永久性地提升？还是有其他因素在起作用？有些分析师指出了学习曲线观点的几个问题。其中一个是面对历史上的“超额”股权回报，股权溢价依然持续存在。

是否有可能，对风险的反应更类似于幽闭恐惧症而不是学习曲线反应？无论多少次，在一个人从幽闭恐惧症中毫发无伤地走出来之后，这种恐惧依然存在。那么在这种情况下，就不存在学习曲线反应。

无论在哪种情况下，可以肯定的是，股权溢价下降是否是永久性的，这个问题对风险管理者至关重要。他们不能忽略这个问题，因为任何股权溢价的突然上升都会导致大部分私人金融财产价值的下降。因此，尽管他们可以评估具体资产的风险，但也必须小心谨慎，不能忽视宏观风险的可能性，因其会破坏看似完美的多元化投资组合的价值。

在讨论过去两年半的国际金融危机根源时，我在不同场合数次呼吁人们对该风险管理挑战的重视。我强调的是，周期性危机中风险管理的危险——大幅上升的风险溢价——破坏了风险管理结构，使其无所适从。

在金融危机期间，风险厌恶情绪急剧上升，理性的交易策略被恐惧导致的离场所取代。风险较高资产的收益率利差大幅扩大。在更极端的情况下，由于无法区分风险程度，交易策略转向选择最具流动性的工具，因为这些工具允许投资者以最低成本最快地改变决策。结果导致，即使在无风险资产（如美国国债）中，流动性溢价也会大幅上涨。因为投资者寻找可以大量交易的“最近发行”品种——这种行为在去年秋天的市场中非常明显。

如同我在之前场合曾提到的，历史告诉我们，信心的急剧反转会突然爆发，大多数情况下没有提前通知。这些逆转可以是一个自我强化的过程，会在很短的时间内对市场产生很大的调整。市场恐慌性反应以最大限度地减少短期损失行为为标志。遥远的未来价值在被折现后几乎可以忽略不计。正如我之前提到的，有趣的是，人类这样的行为并未随着历史而有所改变。无论是对荷兰郁金香还是对俄罗斯股票，市场价格反应的走势大同小异。

我们可以简单地用语言描述这个过程，但是，到目前为止，经济学家还无法预测到市场信心急剧逆转的时刻。信心的崩溃（一般被比喻为一个破灭的泡沫）只有在回头去看时才非常明显。要预测泡沫的破裂，需要预测数以百万计的投资者共同判断的资产价格，这些投资者中的很多人，对众多股票和其他资产价格指数的具体投资前景非常了解。

然而，如果信心破裂的周期性复发对现在及未来我们经济和金融市场的运行产生的影响无法避免，那么其对风险测量和风险管理的影响也将十分重大。

主要或完全依靠周期估计的概率分布预测并没有包括恐慌阶段，这将低估极端价格变动的可能性，因为它们不能捕捉到在极负尾部远端反映恐慌发生的概率上的第二个峰值。此外，未包括恐慌阶段的联合分布会低估恐慌期间资产收益之间的相关性。在这种情况下，持有净多头头寸投资者的恐惧和撤场情绪往往导致私营债务价值一起下跌（因为投资者们不再现实地区分风险和流动性的程度），同时增加无风险政府证券的价值。因此，如果罕见的恐慌时期未被考虑的话，投资组合多样化的好处往往被高估。

资产价值评估中固有的不确定性，以及对这些不确定性看法突然变化的可能性，必须由银行和其他金融中介机构的风险管理者来判断。至少，风险管理者需要对其模型的假设进行压力测试，并留出更高的应急资源——储备或资本——来弥补当投资者失去信心时导致的不可避免的损失。这些储备看上去并非最理想的资本用途，但就像火灾保险费一样，直至有一天你用到它才能体会其带来的价值。

更重要的是，董事会、高级管理人员和监督机构必须平衡风险模型应该强调的重点，这些模型基本上只有模糊可见的抽样特征，并且需要更多地强调使用这些模型人员的技能、经验和判断力，能够判断出哪一个结构模型最好地描述了任何特定时期资产定价的驱动因素，而这种能力本身就是无价之宝。因此，借用我的前同事杰里·科里根（Jerry Corrigan）所说的话，先进复杂风险模型的出现，并未使那些头发灰白或者完全秃顶的老专家被时代淘汰。

全球挑战

格林斯潘主席

对外关系委员会“金融危机会议”上的讲话

纽约，纽约州

2000年7月12日

我感谢会议组织者给我向今晚的杰出听众发言的机会。这两天你们提出的问题有趣、及时，并且具有挑战性。

近年来，越来越多的证据表明，跨境商品和服务贸易的开放程度越高，则经济增长速度越快、生活水平越高。我们并不确定，但强烈感觉的是，世界贸易持续高速增长的一个主要原因是全球金融的加速扩张。而这种加速本身似乎需要采用更新的形式和更多的金融中介层次。

当然，高流动性外汇市场的出现促进了基本的外汇交易，而更多可用的金融工具使得制定更复杂的对冲策略成为可能，从而使生产者和投资者能够更好地分配风险。这很大程度上归功于衍生品和其他现代金融产品分解复杂风险的能力，使每个对手方能够选择其业务战略所需的风险组合，并避开那些不需要的组合。更有效率的风险分配有助于形成更好的组合投资策略，在全球范围内加强资本的低成本融资，从而导致跨境货物和服务贸易的扩大和生活水平的提高。

尽管可以恰当地将其描述为一种新的国际金融体系，但墨西哥1994年年末的金融崩溃以及近年来东亚和其他地区的事件，引起了人们对这一新体系固有的稳定性的质疑。更令人不安的是，我们无法事先预见这些危机。当然，这类事件本身的性质可能会妨碍它们被预见到，因为如果预料到会产生危机，市场力量可能会阻止它。但是，即使我们不能轻易准确地预测到危机的爆发，我们至少有能力采取预防性的吸收金融冲击的措施，从而降低发生危机的可能性。

有了这个动机，我们这些积极参与不断发展的全球市场的人（无论是作为私营部门的参与者，还是作为政府官员）一直在努力了解近年来不时爆发的不稳定的根源。在过去的十年左右，许多已经成为全球经济参与者的开放新兴市场经济体面临了非常巨大的资本流入，而它们的经济和金融体系本身并没有做好吸收这些资本的准备。这些流量是由于工业化国家投资组合日益多样化而产生的，部分来源于东亚危机爆发之前该地区的巨大资本利得收益。1990—1997 年，新兴市场的私人资本净流入量大约翻了两番。这些多样化投资特别针对那些在 20 世纪 70 年代、80 年代和 90 年代一直蓬勃发展的亚洲经济体——所谓的“亚洲老虎”。在这种情况下，这些经济体并未准备好吸收如此多的资金，特别是如我下面会进一步分析的，因为没有足够的金融中介支持可以替代银行。更一般地说，那里并没有足够的生产性投资机会来产生工业化国家投资者寻求的回报。那么，过多的现金也就不可避免地过多进入那些具有迷惑性和过度融资的企业中，包括许多房地产企业。

东亚近年来成功地将货币与美元绑定，可能并不出乎意料地导致了大量相对便宜的美元借贷，而这些美元反过来，在未被对冲的情况下，用于以更高的国内利率进行贷款，但忽视了贬值风险溢价。当这些未对冲的美元借款最终被意识到达到过度的程度时，几乎是不可避免的，汇率崩溃了。

虽然事后看起来，似乎整个后果是可以预见的，但事实并非如此。过度融资的房地产投资问题在全球范围内长期出现，但并未触发类似 1997 年东亚经济危机这样规模的危机。就东亚经济体而言，只有当正常可吸收冲击的经济缓冲区在压力下极易被破坏时，经济危机的巨大影响才显而易见。

国际金融的长期参与者们，经过数十年的努力，才建立起复杂的金融和法律基础设施，以缓冲市场动荡带来的系统性后果。这些基础设施可以阻止对某个稳健货币的投机性攻击，因为其金融体系健全，并拥有能够承受针对这种攻击的有力政策反应。然而，如果用棒球来做类比的话，这些新加入全球金融体系的参与者们的金融机构还没有经历过“职业棒球大联盟”级别的严峻考验。

这些最近的危机凸显了某些金融结构的脆弱性，尽管这个问题在短期内不易被缓解，但它们亟须在构建强大金融压力缓冲区的努力中被解决，并且其重要性也越来越显著。根据我的判断，最重要的是发现替代方案，即在金融体系处于压力，且银行或资本市场主要中介机构在危机中停止运行的情况下，也可以维持适当程度的金融中介行为。

近几十年来，多渠道金融中介很好地服务了美国，特别是在 20 世纪 80 年代后期信贷危机期间，以及最近的因俄罗斯违约引发的 1998 年资本市场冻结时期。正如我去年在世界银行/国际货币基金组织研讨会上所表示的，在俄罗斯违约之后的一段时间，连投资级债券都找不到合适的投资人。虽然美联储在这次动荡中的宽松政策有助于改善环境，但我们的单方面行动不足以使大多数（尽管不是全部）市场在几周内大面积恢复。这次发作似乎太严重，不是单靠隔夜利率 75 个基点的放松就可以解决的。至少可以说，金融机构尤其是商业银行的存在，可以替代暂时中断的公开资本市场的中介功能。

在美国，在这种情况下，企业债券发行下降，商业银行贷款回升，填补了大部分资金缺口。尽管银行家也大幅度调整以控制风险敞口，但以前承诺的信贷额度与美联储的宽松政策一道，为企业融资提供了重要的后盾。

相反，当美国的银行在 1990 年由于房地产抵押价值崩溃而几乎停摆时，由于资本市场在很大程度上不受地产价值下降的影响，能够替代银行金融中介的损失。如果没有资本市场的融资，1991 年的中度经济衰退可能会更加严重。

严格地讲，多种金融中介来源当然不只是美国独有的现象。例如，瑞典的企业体系也拥有各种非银行融资渠道，其金融体系克服了 20 世纪 90 年代早期的房地产危机，与日本形成了鲜明的对比，而日本的金融体系几乎完全依赖银行的金融中介典型。这使人们揣测，如果这些经济体不如此依赖银行作为金融中介的主要手段，东亚近期的问题是否会不那么严重。人们可以很容易地理解，购买未对冲的短期美元负债，投资于泰国铢的国内贷款（假设美元汇率不变），将在某个时间点，触发泰国银行贷款的停滞。但是，经济是否一定会为此而崩溃呢？如果运行良好的资本市场存在，结果可能会温和许多。

在危机爆发之前，只要迅速扩大的银行信贷超过滞后的亏损增长，从而降低不良贷款占银行资产总额的比例，几乎没有理由质疑三十年来东亚经济的快速增长，尽管这种增长主要是通过银行体系融资的。只要主要融资渠道奏效，缺乏其他形式的金融媒介没有任何问题。也就是说，如果你没有爆胎，缺少一个备用轮胎无关紧要。东亚没有备胎，而美国在 1990 年和 1998 年都有备胎。

银行作为高杠杆化的机构，在其整个历史上，都会阶段性地陷入危机。当这些机构是唯一的资金来源时，它们的困难也往往把经济拉下水。人们可能会问，在 19 世纪的美国，银行实际上是唯一的金融中介，那么诸多的银行业危机应会阶段性地使我们的经济停滞不前吗？答案是：实际情况确实如此。

令人遗憾的是，多个金融中介的缓冲和其他长期举措无法在一夜之间建立和实施。所幸的是，此方面的努力正在一些新兴经济体中进一步推进。在此期间，我们必须利用目前的相对国际金融稳定期来处理一些更为明显的短期潜在危机。再说一遍，我们不知道也不可能知道，下一次国际金融危机的确切性质，但可以确定的是，会有下一次危机，就像人类的金融不谨慎行为一定存在一样。我们可以相信，它不会和过去的危机完全一样。危机永远不会是一样的，因为市场参与者不像以前那样容易重复过去的错误。因此，我们需要灵活的机构来适应下一次危机不可预见的需要，而不是金融的马其诺防线，因为这样的防线只是努力避免重复以前不会复制的危机。

虽然我们可能不完全了解新的国际金融结构带来的所有影响，但有些特点日益明显。首先，目前还没有迹象表明全球化进程即将停止，虽然全球化进程近期有放缓的迹象。其次，也要排除引入欧元的一次性影响，而由此带来的风险是不可避免的。因此在今后几年，我们需要尽快完成可确保国际金融结构合理前景的短期和长期缓冲方案设计及其实施。

近年来，通过强化监督管理来加强国际金融结构的努力往往被证明是无效的。幸运的是，有充足的理由相信，市场本身结构合理，可以为金融稳定提供必要的自我纠错约束。但是，为了让市场完成这项工作，参与者需要掌握交易对手的信息和市场杠杆情况，而且这些信息必须是重要、及时和准确的。

如果投资者要做出更理智的承诺，国内金融运作和监督的高度透明至关重要，而且监管者要更准确地判断他们所监督的金融机构的承诺是否合理。例如，如果泰国和韩国的央行在危机之前公布净储备数据而不是仅仅提供并非有用的总储备数据，那么我很难相信泰国和韩国的危机会如此致命。如果困难的征兆出现得更早，一些私人资本的流入几乎肯定会停止，而政策制定者就会被迫更迅速地做出艰难的选择。

然而，仅有更多的信息和更高的透明度是不够的。正确的激励机制也必须到位。私人资本市场是资本资源在经济活动中和随着时间推移的分配体系中的基本组成部分。这样的市场只有在投资者承担坏决策和坏运气时的成本，同时收获好决策和好运气的收益的情况下才能正常发挥作用。也就是说，如果对新兴市场经济体进行风险投资的结果不佳——如同风险投资惯常的那样——政府或国际金融机构不应该努力防止投资者蒙受损失。这是应该的，因为投资者赚取了这种投资风险所对应的溢价。救助投资者，无论用意如何，仍然存在鼓励其未来过度冒险的风险，其实质是过度补偿了其风险承担。

随着金融工具复杂程度日益增加，不可能在今天的市场交易中考虑所有可能的未来结果。市场在不确定性下运作。因此，参与者妥善管理风险对其市场表现至关重要，这在工业化国家和发展中国家的国家政府层面、私营部门的公司层面都是如此。如果工业化或新兴经济体的决策者无法预测或评估新型金融技术所产生的复杂风险类型，那么答案就像以往一样：杠杆率越低，即债务越少，股本资金越多，就会形成对经济逆境和危机蔓延的越大缓冲。

市场上的投资工具类型也可以帮助遏制金融压力。毫无疑问，更有效的办法是有一个机制使损失能够通过定期和可预见的方式显示出来，而不是在违约发生之后由官方进行分配。在前一种情况下，私营部门能对风险更好定价，从而对新的信贷决策做出更好判断。在国际舞台上尤其如此，因为政府主权严重限制了国家破产法的适用范围以及国际破产程序的实际应用范围。

值得注意的是，现有的许多投资工具已经具备了这样的理想性质。例如，股票的本金损失把亚洲危机的成本在发行人和投资者中进行了分担。从 1997 年 6 月到 1998 年 8 月的危机低谷，全球新兴市场股票损失估计超过 1 万亿美元。与此同时，危机期间红利下调的措施使发行人缓冲了部分现金流的压力。此外，同样在 1997 年 6 月至 1998 年 8 月期间，外国投资者在新兴市场固定收益工具的损失达 800 亿美元。我注意到，在灵活的汇率制度下，本币债务投资的价值会随着美元等主要外币的价值波动而波动，从而使价格调整更有规律可循。

到今天为止，市场过程为美国及世界经济发展起到了很好的作用，未来我们应尽可能地继续依靠它们。这并不是说政府部门在下一次全球危机中或之后将不起任何作用。政府的安全网和干预措施不能完全消除。如果没有官方援助的活，至少在短期内私营部门可以应付危机规模和程度是有限的。但是，出于财政审慎、资源配置效率和避免道德风险的考虑，官方金融支持应该保持在最低限度。

当然，在任何经济体制下，都需要健全的货币和财政政策，而这些政策的缺乏，往往是导致以往国际金融危机的原因。随着国际私人资本流动的增加，特别是银行间流动的增加，有缺陷经济结构中的私人误判一直是导致近期问题的主要原因。但不适当的宏观经济政策也是一些新兴市场经济体出问题的原因。我们正处在一个快速演进的国际金融体系中，充满所谓新经济的浮华装饰。但是，审慎的旧经济规则像以往一样强大，如果我们违背了它们，就会使自己处于险境。

第二部分

伯南克：金融危机的“救火队长”

伯南克：金融危机的“救火队长”

本·伯南克（Ben Bernanke）于1953年出生于美国东南部的佐治亚州奥古斯塔，成长于南卡罗来纳州的一个小村庄。他是典型的学霸，大学入学SAT考试成绩1 590分，与满分仅差10分。他先后毕业于哈佛大学与麻省理工学院，获文学学士和经济学博士学位，2002年正式进入美联储之前，先后在斯坦福大学、普林斯顿大学、麻省理工学院等知名学府任教及从事研究工作。他曾任普林斯顿大学经济学系主任。自1987年开始，伯南克先后在费城联储、波士顿联储、纽约联储等联储机构担任访问学者及学术委员会成员。2002年，布什任命他为美联储理事。2006年2月，他接替已经80岁高龄的格林斯潘，成为美联储主席。2010年，他获得连任。2014年2月第二任到期离任。

与格林斯潘不同，伯南克没有纽约华尔街的从业经历，而是大部分时间在名校及各地联储从事研究工作。据说他在大学期间，就对20世纪30年代的“大萧条”发生了浓厚的兴趣。伯南克长期从事学术研究及联储基础研究，为他成功应对2008年美国次贷危机及其后演化成的全球金融危机，做了重要准备。他思想独立，有学者风范，与前任格林斯潘的华尔街银行家与华盛顿政治家的综合体形象不同，令人耳目一新。他在应对危机时镇定、坚定，并充满新思路与主意，堪称2008年金融危机的美国“救火队长”。2009年12月，伯南克当选《时代》周刊2009年年度风云人物，理由是在金融危机及经济危机的背景下，他以“富于创意的领导能力”，令情况没变得“更糟”。

本书选择了2009年1月至2013年5月期间，全球金融危机（美国称其为“大衰退”）发生后，伯南克关于危机反思、政策应对、经济学启示、央行理论与实践、经济复苏及风险监测等方面的7篇经典文章。其行文逻辑清晰，叙述直白透彻，并有详细的脚注，是难得的应对危机实践指导文章与经济学论文集。

本书选择的伯南克第一篇谈危机的文章，是2009年1月他在伦敦经济学院的讲话——《危机与政策回应》。当时是全球金融危机导致经济衰退最严重的时候：2008年四季度与2009年一季度，美国的实际GDP增长为负的6%，是近几十年来最低的。而讲话前一个月，2008年12月，伯南克率领的美联储已经将联邦基金利率下调至历史低点，即0~0.25%，传统货币政策回应已经“打”到极限“挡”。在文中，伯南克将导致金融危机的信贷热潮归因于：承贷标准的普遍下降，投资者、评级机构房贷监管失控，对复杂、不透明、压力下脆弱的信贷工具过度依赖，以及对风险承担的低补偿等。上述这些原因看似十分熟悉，因为这些原因（至少相当的部分），是格林斯潘认为的1997年亚洲金融危机爆发的原因。只是这次恰恰相反，这些问题是在自由市场经济的典范——美国，而且是在自由市场主义坚定的信奉者格林斯潘治下积累起来的信贷泡沫，令人瞠目结舌。2009年8月，伯南克在堪萨斯城联储的年度经济会议上，发表了题为《金融危机的年末反思》的论文，对金融危机进行了回顾：从2007年8月危机爆发，到2008年10月金融危机加剧，并讲解了美国政府对不同金融机构，例如“两房”、雷曼兄弟、AIG、高盛、摩根士丹利等的不同情况应对的背景与缘由，以及美国应对危机的货币政策及非常规政策应对措施。他指出，金融危机呈现出“典型恐慌”（Classic Panic）特征，必然导致“融资难”，而这时，“只有中央银行才能有效抑制流动性急剧下降的问题”。

2010年9月，曾任普林斯顿大学经济学系主任的伯南克回到普林斯顿，在本德姆金融中心发表《金融危机对经济学的启示》的经典演讲。鉴于在金融危机发生后，有人呼吁对经济学作为一门学科应进行彻底的改革，他将经济学划分为：经济科学、经济工程与经济管理。他认为，金融危机暴露出来的问题更多是在经济工程与经济管理领域，而非前者。他细述了现有经济科学在不稳定短期资金、“挤兑与恐慌”、代理人激励机制错配、道德风险、银行资本标准等方面对理解和应对危机的价值。他还为危机后经济学应关注研究的领域指出了方向，包括：危机中人类行为的模拟、资产价格泡沫形成和传播、金融市场流动性的决定因素、金融与经济稳定的关系等。

2010 年 11 月，伯南克在欧洲中央银行发表了题为《危机之后，我们该何去何从?》的讲话，总结了从金融危机中得到的三点经验教训。一是“在金融危机可能导致毁灭性后果的时候，促进金融稳定是整个宏观经济管理的重要组成部分”，“就金融机构监管而言，宏观审慎监管和货币政策是相辅相成的”。二是应对金融危机需要“政策灵活性和运用新方法”，“新的挑战仍将需要创新的政策与应对措施”。三是“国际合作是非常有帮助的”。

2011 年 10 月，在波士顿联储的经济会议上，伯南克从金融危机对中央银行工作理论与实践指导的角度，发表了《大衰退对中央银行理论与实践的影响》的论文。他认为，金融危机将在“中央银行的理论和实践上留下永久的印记”。尽管“灵活通胀目标”的货币政策基本原则不会发生变化，但危机要求中央银行承担维护“金融稳定”的责任，并且其责任至少与“货币政策责任”一样重要。此外，央行可以使用不同的工具包，实现“金融稳定和宏观经济的双重目标”。货币政策工具包括“管理中央银行的资产负债表，以及在更大程度上使用关于未来沟通的政策”。金融稳定政策至少包括“一系列微观审慎和宏观审慎工具，既是结构性的，也是周期性变化的，并通过加强对系统稳定性潜在风险的监测和分析予以支持”。

2012 年 11 月，在金融危机爆发 5 年之后，伯南克在纽约经济俱乐部发表了《经济复苏与经济政策》一文，重点分析了：为什么危机过后多年，美国经济复苏依然缓慢？他认为，经济复苏面临三方面的“逆风”：一是房地产行业复苏缓慢。这主要是由于收紧抵押贷款行为的“钟摆”摆得太远，限制了住宅市场的复苏步伐。二是“逆风”源自“信用和资本市场的潜在借款人所面临的融资状况”，即“信贷紧缩和高度的风险规避抑制了美国和其他国家的经济增长”。其中当时“逆风”的一个主要来源是“欧洲的财政与金融形势”。三是美国的财政政策。他要求，国会和行政当局保护经济免受“财政悬崖”的影响。他强调，货币政策可以“帮助支持经济复苏”，“但它绝不是我们经济问题的灵丹妙药”；而“实现财政透明度的合作和创新——特别是解决国家的长期预算问题”，会从根本上促进美国复苏。

2013 年 5 月，在芝加哥联储的年会上，伯南克发表了《监测金融体系》的讲话。他认为，“持续监测金融体系对于宏观审慎的监管方法至关重要”，因为，“系统性风险只有在第一次被识别时才能被消除”。他详述了美联储的金融稳定监测计划，包括对金融体系四个重要组成部分的持续监测，即：系统重要性金融机构（SIFIs）、影子银行、资产市场与非金融部门。他强调，虽然“对单个金融机构的有效监管和监督”至关重要，但美联储正向“更加系统化”的监管方向发展，同时密切关注“整个金融体系的脆弱性”。

危机与政策回应

伯南克主席

在英国伦敦经济学院的讲话

伦敦，英国

2009 年 1 月 13 日

近一年半的时间里，全球金融体系一直处于极度紧张的压力之下。现在，这种压力已经不可阻挡地向更广泛的全球经济蔓延。

造成危机的最直接原因是美国住房周期的恶化以及相应次级抵押贷款违约率的上升。这使许多金融机构遭受巨大损失，并影响投资者对信贷市场的信心。

然而，虽然是次贷产品的崩溃触发了危机，但美国抵押贷款市场的发展只是一股更大、更为广泛的信贷热潮的一方面，其影响超越了抵押贷款市场，影响到许多其他形式的信贷。

这一更广泛的信贷热潮包含的问题包括：承贷标准普遍下降，投资者、评级机构放贷监管失控，对复杂、不透明、压力下脆弱的信贷工具过度依赖，以及对风险承担的低补偿。

信贷热潮的突然结束带来了广泛的金融和经济后果。金融机构的资本在损失和拨备计提后所剩无几，资产负债表被复杂的信用产品和其他价值不确定的非流动性资产阻塞。不断上升的信贷风险和投资者强烈的风险规避意识将信贷利差推至前所未有的高水平，证券化资产市场（除了有政府担保的抵押证券）则完全关闭。系统性风险加剧，资产价值下降和信贷收紧，反过来，又给企业和消费者信心造成沉重打击，全球经济活动急剧放缓。损失（包括产出损失、失业和财富损失）已十分巨大。

全球经济终将复苏，但复苏的时间和强度是非常不确定的。世界各国的应对政策将是复苏速度与活力的关键决定因素。今天我将就美国当前和未来的危机应对政策，尤其是美联储的措施，做一个报告。在此过程中，我将概述迄今为止美联储危机应对的指导框架。我也将解释为什么我认为美联储仍有强大的工具应对金融危机和经济下滑，即使联邦基金的隔夜利率不能进一步有效降低。

美联储对危机的回应

自2007年夏季以来，美联储对此次危机做出了积极的反应。继2007年8月美联储降低贴现率（即美联储向存款机构借款利率）之后，联邦公开市场委员会（FOMC）在9月放松货币政策，将联邦基金利率目标降低50个基点[①]。由于经济疲软迹象加剧，FOMC继续做出回应，截至2008年的春天，累计下调联邦基金利率目标325个基点。与以往相比，此次政策反应与众不同而且非常突出。在采取这些措施的时候，我们的目的是缓解金融动荡对经济的直接影响，减少经济疲软和金融压力互相加强形成的所谓“负反馈循环”的影响。

这些政策行动有助于在危机的第一年支撑就业和收入水平。不幸的是，去年秋天金融动荡的加剧导致经济前景进一步恶化。FOMC在去年10月作为回应，将联邦基金利率又下调了100个基点，其中一半源自10月8日六大央行空前的协调降息。12月份，FOMC进一步行动，将联邦基金利率目标设定在0至25个基点之间。

FOMC积极的货币宽松政策并非没有风险。在降息的早期阶段，一些观察人士担心这些政策会刺激通货膨胀。随着2008年中通货膨胀率

① 1个基点是百分之一个百分点。

达到高位（主要反映了石油和其他大宗商品价格的上涨），这些担忧有所加剧。美联储对于自身确保价格稳定的责任，态度极其严肃，在此期间密切关注通货膨胀及其预期的变化。但是，FOMC 也认为，2008 年大宗商品价格的快速上涨主要反映了新兴市场经济体对原材料需求的急剧增加，加上这些材料供给的限制，也使其不同于一般的通货膨胀压力。FOMC 委员们预计，在某个时点，全球经济增长将趋于温和，导致大宗商品需求增长放缓，价格趋于平稳——这一预期在期货市场价格的走势有所反映。如大家所看到的，商品价格在当年夏季达到顶峰，不是平稳趋缓，而是随着全球经济活动的减弱大幅度下滑。因此，总体通货膨胀率已显著下降，并将趋于缓和。

美联储的宽松货币政策反映在一系列贷款利率（尤其是短期利率）大幅下降上，从而在一定程度上抵消了金融动荡对融资体系的影响。然而，这种抵消效应是不完整的。信贷息差扩大，贷款标准更加严格，信贷市场失灵等因素对货币宽松政策起到了反向作用，导致整体融资情况趋紧。尤其是，金融机构和金融市场的许多传统资金来源已经枯竭，银行和其他贷款机构发现其提供证券化抵押贷款、汽车贷款、信用卡应收账款、学生贷款和其他形式的信贷的能力大大减少。因此，除了放松货币政策之外，美联储还通过向私营部门提供流动性来支持信贷市场的运作，减少融资压力。正如我将要讨论的，就此美联储已经部署了额外的政策工具，其中一些以前就在我们的“工具箱”中，而另一些则是根据需要创新出来的。

联邦基金利率之外：美联储的政策工具包

虽然联邦基金利率目前接近于零，但美联储保留了一些可以应对危机的政策工具。一个重要的工具是政策沟通。即使隔夜利率接近于零，也能够通过设置公众对货币政策未来走向的预期来影响长期利率。例如，美联储在12月会议之后的声明中表示，在一段时间内，经济状况可能需要非常低的联邦基金利率加以支撑①。在一定程度上，这样的表述使公众延长了他们对短期利率将处于非常低的水平的预期，并将对长期利率施加下行压力，从而拉动总需求。然而，重要的是，这种表述要有条件地表达——也就是说，它们把政策预期与不断变化的经济前景联系起来。如果公众认为有关未来政策的声明是无条件的，那么即使经济前景发生重大变化，长期利率亦可能无法做出理想的调整。

除了与隔夜利率当前和预期数值相关的政策之外，美联储一直在积极利用一系列政策工具为信贷市场，从而为整体经济提供直接支持。正如我将详细阐述的，我认为这些工具可以分成三类。尽管这些工具在某些重要方面有所不同，但它们有一个共同点：都利用了美联储资产负债表的资产端。也就是说，每一个都涉及美联储当局扩大信贷或购买证券。

第一套工具，与中央银行作为最后贷款人的传统角色密切相关，涉及为健康的金融机构提供短期流动性。在危机发生过程中，美联储采取了一系列非常措施，确保金融机构能够获得足够的短期信贷。这些行动包括创建新的拍卖信贷设施，使主要证券交易商②以及银行有资格在美联储的贴现窗口进行借贷。例如，自2007年8月以来，我们已经把贴现率与联邦基金利率之间的利差目标从100个基点降低到25个基点；将贴现窗口贷款的期限从隔夜增加到90天；创造了定期拍卖机制，可以向存款机构拍卖期限长达三个月的信贷；建立了长期证券借贷机制，允许主要交易商从美联储那里以较低流动性的抵押品作为担保来借入国

① 材料源自：美联储理事会（2008年）："纽约联邦储备银行，克利夫兰，里士满，亚特兰大，明尼阿波利斯和旧金山联邦储备银行的贴现率申请的FOMC声明和理事会批准"，2008年12月16日新闻稿。

② 主要交易商是与纽约联邦储备银行进行美国政府证券交易的经纪商。纽约联邦储备银行的公开市场部门代表联邦储备系统执行货币政策。

债；并启动主要交易商信贷融资为这些公司提供流动性来源等。

由于银行间市场在全球范围内进行，美联储已与 14 家外国央行签署了双边货币互换协议。这些互换协议允许这些中央银行从美联储获得美元以借给其管辖范围内的银行，缓解全球美元融资市场的状况。在大多数情况下，在美国境外提供这种美元流动性，是通过美联储与自己的融资拍卖紧密协调的情况下进行的。

重要的是，向金融机构提供信贷对美联储的信贷风险很小；我们通过我们的各种安排向银行和主要交易商提供的贷款通常都是超额抵押的，并对借款公司有追索权。美联储在正常贷款给银行以及主要交易商的过程中，从未遭受过任何损失。在货币互换方面，外国中央银行负责偿还，而不是最终获得资金的金融机构；此外，作为进一步的安全措施，美联储收到等值于其向外国中央银行提供的美元数量的外汇。

中央银行提供的流动性减少了系统性风险，即通过向市场参与者保证，如果短期投资者开始失去信心，金融机构仍能够获得所需现金需求，而不是采取可导致潜在不稳定的资产甩卖行为破坏市场。而且，支持金融机构的流动性需求减少了融资压力，并在所有其他条件相同的情况下，增加这些机构放贷和市场交易的意愿。

另一方面，向银行和主要交易商提供充足的流动性并不是万能的。如今，对资本、资产质量和信用风险的担忧继续限制了许多中介机构提供信贷的意愿，即使其流动性是充足的。此外，向金融机构提供流动性并不能直接解决主要非银行市场（例如，商业票据市场或资产支持证券市场）的不稳定或信贷资源的下降，而这两者通常在美国的信贷扩张中扮演重要角色。

为解决这些问题，美联储制定了第二套政策工具，其中包括向主要信贷市场的借款人和投资者直接提供流动性。值得注意的是，我们已经采取了购买评级较高商业票据的措施，期限是三个月，为货币市场共同基金提供备用流动性。此外，美联储和财政部联合宣布了一项贷款机制，将以 AAA 评级的资产支持证券（抵押物包括学生贷款、汽车贷款、信用卡贷款和小企业管理局担保的贷款）作为抵押品进行贷款。美联储在后者的信贷风险敞口很小，因为抵押品将被“剪头发”（即打折），而且财政部将提供 200 亿美元的资本作为补充损失保护。我们预计这个安排将在下个月开始。

根据所处理问题的性质不同，我们各种安排的理念和目标亦有所不同。在某些情况下，正如我们在支持货币市场共同基金的计划中那样，目的是再次发挥经典中央银行的作用，成为最后的流动性提供者。在大规模的基金“破净”之后，即净资产价值低于面值之后，9 月份，投资者开始从货币市场共同基金中大量提取资金，这些共同基金投资于商业票据和存款证这样的私募产品。基金经理通过清盘资产和投资期限最短的产品予以回应。随着撤资步伐加快，货币市场共同基金行业的稳定性和商业票据市场的正常运营受到威胁。美联储采取措施予以回应，包括为银行提供从货币市场共同基金购买高质量的资产支持商业票据的资金。该项安排有效地将流动性注入基金，帮助他们满足赎回要求，而非不分青红皂白地出售资产。加上财政部为货币市场共同基金投资者提供部分担保的计划，这些努力帮助阻止了这些基金的现金流出，并稳定了该行业。

美联储购买高质量（A1—P1）三个月期限商业票据的安排同样是为了给商业票据市场的投资者和借款人提供流动性的支撑。正如我所提到的，9 月份这个市场运行显著恶化，借款人难以获得融资，只能获得高利率和很短期限（通常是隔夜）的融资。作为借款人流动性的备份来源，美联储的商业票据工具旨在减少投资者和借款人对“展期风险”的担忧，即借款人无法筹集到新资金偿还到期商业票据的风险。展期风险的降低，反过来又会增加私人投资者的贷款意愿，尤其是比隔夜拆借期限更长的贷款。这些措施改善了商业票据市场的运作，利率和风险利差下降，平均贷款期限增加。

相比之下，我们即将与财政部合作的资产支持证券计划并不仅仅是为了提供流动性。该项安排将向投资者提供为期三年的，以近期发起的消费者和小企业贷款支持的AAA评级证券为抵押的贷款。与其他贷款计划不同的是，这一安排将美联储的流动性与财政部门提供的资本相结合，使其能够承担一定的信用风险。通过提供资本和流动性相结合的方式，该项安排将在大幅去杠杆化和风险规避期内，有效替代公众的私人资产负债表借款能力，而之前其借款能力期限非常短。如果该计划按计划运行，会降低消费者和小企业贷款的利率，并扩大贷款规模。随着时间的推移，通过增加市场流动性和刺激市场活动，这个安排也应有助于恢复私人贷款。重要的是，如果资产支持证券的安排被证明是有效的，那么其基本框架可以扩大，以适于更高的交易量或额外的证券类别。

美联储的第三套支持信贷市场运作的政策工具，涉及为美联储的投资组合购买更长期的证券。例如，我们最近宣布计划在未来几个季度购买高达1 000亿美元的政府支持的企业债（GSE）和高达5 000亿美元的GSE抵押贷款支持证券。值得注意的是，随着这一计划的公布，抵押贷款利率大幅下降，并在投入实施之后进一步下滑。较低的抵押贷款利率为房地产市场提供了支撑。FOMC也正在评估购买长期国债的可能性。在确定是否进行这种采购时，FOMC将重点放在其改善抵押贷款市场等私人信贷市场的潜力上。

这三套政策工具——向金融机构贷款，直接向主要信贷市场提供流动性，并购买长期证券——具有共同特点，都代表美联储资产负债表中资产端的使用，即它们都涉及贷款或购买证券。在目前的情况下，这些政策的优点在于，尽管联邦基金利率接近零下限，它们允许美联储继续降低利率并缓解一系列市场的信贷条件。

信用宽松与量化宽松

美联储支持信贷市场的方式在概念上与量化宽松（QE）不同，而后者是日本央行从2001年至2006年采取的政策方针。我们的做法可以被称为“信贷宽松”，在一个方面类似于量化宽松：它涉及中央银行资产负债表的扩张。但是，在纯粹的QE方式下，政策的重点是银行储备的数量，这是央行的负债；而中央银行资产负债表资产方面的贷款和证券的构成是陪衬。实际上，虽然日本央行在量化宽松期间的政策方针是相当多元化的，但其政策的整体立场主要是以银行准备金目标来衡量的。相比之下，美联储的信贷宽松方式则集中于贷款和证券的组合，以及这种资产组合如何影响家庭和企业的信贷条件。这种差异并不反映出与日本的做法有任何理论上的分歧，而是两个情况下金融和经济条件的差异。特别是，目前美国的信贷利差要宽得多；而且信贷市场的情况，也比日本在量化宽松时期的情况更糟糕。为了刺激当前环境下的总需求，美联储必须把重点放在降低利差和改善私人信贷市场的运行上。

美联储的信贷宽松政策的刺激作用，对贷款项目和购买证券的特殊组合十分敏感且依赖。当市场流动性不足，私人套利受到资产负债表限制及其他因素影响时，如同目前，一美元用于长期证券购买不可能对金融市场和经济产生与给银行一美元贷款同样的影响，而这反过来又和一美元贷款用于支持商业票据市场的效果不同。由于各种类型的贷款具有不同的效应，美联储政策在现行制度下的立场——与QE制度不同——不能简单归纳为一个数字，如超额准备金数量或货币基础的规模。此外，联邦储备信贷的使用很大程度上取决于借款人的需求，因此当市场状况恶化时将趋于上升，而在市场状况改善时则下降。因此，像量化宽松政策那样，设定美联储资产负债表规模的目标可能会产生不利影响，即在市场形势恶化时，迫使美联储收紧贷款的条件和可用性，反之亦然。

缺乏简单的措施总结或政策目标，是沟通方面的重要挑战。为了最大限度地减少市场不确定性，并实现其政策的最大效果，美联储致力于向公众提供尽可能多的关于资产负债表使用情况的信息、未来的使用计划及做出相关决定的标准①。

退出策略

一些观察家表示担忧，认为通过扩大资产负债表，美联储实际上在印钞票，并最终将会导致通货膨胀。美联储的贷款活动确实导致了银行超额准备金的大幅增加。银行储备与货币一起，构成货币基础的最狭窄定义，正如你所预期的，随着美联储资产负债表的扩大，货币基础指标已显著上升。然而，银行选择将大部分超额准备金闲置（多数情况下是存在了美联储）。因此，M1 和 M2 等更广泛货币指标的增长率，远远低于货币基础的增长率。目前，由于全球经济活动乏力，大宗商品价格处于低位，短期内通胀风险不大，事实上，我们预计通胀将继续温和。

但是，在某个时点，当信贷市场和经济开始复苏时，美联储将不得不解除其各种贷款计划。在一定程度上，这种解除将自动发生，因为信贷市场的改善将减少使用美联储设施的需要。事实上，在可能的情况下，我们试图将贷款利率和利差设定在金融环境正常化时其对借款人没有吸引力的水平上。此外，一些计划，例如美联储 13（3）授权计划，其授权要求金融市场应当处于“不寻常的和紧急的”状况。因此，在信贷市场基本正常化的情况下，其将依法消除。然而，随着美联储各种计划的解除，实际上构成了紧缩政策。因此，决定这一进程时间和节奏的主要因素，将是 FOMC 对信贷市场状况和经济前景的评估。

---

① 有关美联储资产负债表的详细信息每周作为 H. 4. 1 版本的一部分发布。有关美联储贷款计划的总结，请参阅美联储向金融机构贷款的表格（229 KB PDF）。

随着贷款规模缩小，美联储资产负债表的规模将下降，这意味着超额准备金和货币基础的减少。由于美联储持有的大部分资产（包括向金融机构的贷款、货币掉期以及购买商业票据）都是短期性的，因此，各种计划和安排被缩小或关闭时，可以简单直接地停止，从而使资产负债表的大幅缩减可以相对较快地完成。随着资产负债表规模和系统中超额准备金数量的下降，美联储将能够恢复到传统的货币政策手段——设定联邦基金利率目标。

尽管大部分美联储资产属短期性质，我们仍持有或预期持有大量的较长期资产，例如，我们将在未来两个季度购买按揭抵押证券。虽然也可以出售相对长期的证券，但我们不会预期在短期内出售这些资产中的大部分，这将减缓资产负债表的收缩速度。我们正在密切关注资产负债表的到期成分，并不认为在适当的时候将资产负债表减少到必要程度会产生任何问题。重要的是，美联储未来资产负债表的管理和货币政策的执行将会更加容易，因为美国国会最近同意给予联储向银行储备支付利息的权利。原则上，美联储对银行储备支付的利率应该是隔夜利率的底线，因为如果银行的借出利率高于从美联储收到的利率，银行不会愿意将资金储备于联储。实际上，近几个月联邦基金利率已经略低于储备利率，这反映了高额的超额储备、银行对新方式的经验不足以及其他因素。然而，随着超额准备金的下降，金融状况正常化，银行适应了新的制度，我们预计支付储备利率将成为控制联邦基金利率的有效手段。

此外，还有其他工具可供使用，或者可以开发其他工具，提高退出阶段对联邦基金利率的控制。例如，财政部可以恢复近期发行补充融资券的做法，并将资金存入美联储。这些票据的发行可以有效地吸收银行系统的储备，改善货币管理。较长期的资产可以通过回购协议和其他方式融资，这也会从系统中吸收储备。在考虑是否制订或扩大这些计划时，美联储将仔细权衡退出策略的潜在影响。我们将采取一切必要的行动，确保我们计划的平稳解除及时完成，并符合我们促进充分就业和价格稳定的义务。

稳定金融体系

美联储将为促进经济复苏做出自己的努力，但其他政策措施也是不可或缺的。即将上任的新当选政府和国会目前在讨论一个重大的财政一揽子方案，如果通过的话，可以大大推动经济活动。但是，我认为，财政政策不可能促使持续的经济复苏，除非辅之以强有力的措施来进一步稳定和加强金融体系。历史充分证明，如果金融体系无法有效运行，现代经济就无法发展。

美国已经采取了一系列重要的措施来促进金融稳定，包括财政部向银行注资约 2 500 亿美元，联邦存款保险公司对银行负债担保大幅增加，以及美联储制订各种流动性计划；这些措施以及其他许多国家的类似行动，可能会防止在今年秋天发生全球金融危机。如果没有这些措施，全球经济的状况会比现在差很多。

然而，随着经济增长前景的不断恶化，持续的信贷损失和资产减值可能会使金融机构的资本和资产负债表融资压力持续一段时间。因此，为了确保信贷市场的稳定和正常化，可能需要更多的资金注入和担保。私人投资进入金融机构的现实障碍，是机构资产负债表上存在的大量的有问题、难以估值的资产。这些资产的存在大大增加了这些机构潜在价值的不确定性，并可能会抑制新的私人投资和新的贷款。如果美国财政部决定像最初财政营救计划设计的那样补充注资，从机构的资产负债表中去除不良资产，可以考虑几种方法。公开采购陷入困境的资产是一种可能性，另一种是提供资产担保。在这种担保下，政府同意吸收银行持有的特定问题资产组合的部分潜在损失，可能同时换取认股权证或其他形式的补偿。还有一种方法是建立和利用所谓的坏账银行，它们将以现金或坏账银行的股权向金融机构购买资产。这些方法从经济角度来看是相似的，但它们在操作和会计处理方面会有一些不同的影响。此外，减少可预防的止赎（抵押品赎回权取消）等努力可以支撑住房市场，减少抵押贷款损失，从而增加金融稳定性。

许多国家的公众都担心政府把大量资金用于援助金融业，而其他行业得到的很少或根本没有援助。这种截然不同的待遇，似乎是不可避免的。我们的经济体系严重依赖信贷的自由流动，因而金融不稳定对更广泛的经济影响是巨大的，而且很快就会被感觉到。事实上，金融不稳定对就业和经济增长的破坏作用已在世界范围内显现出来。因此，负责任的决策者必须尽其所能与公众进行沟通，即为什么金融稳定对经济至关重要，而支持金融业符合广大百姓的基本利益。

尽管我们致力于稳定世界各地的金融市场和机构，然而，我们也为公众开展迅速、具体的行动，减少未来发生危机的可能性和潜在的负面影响。我们需要加强监督和监管体系，消除盲点和不必要的监管重复，明确监督权力和责任框架，确保监管权力足以遏制过度的杠杆作用和风险承担。鉴于大型金融公司的跨国特性和金融市场的全球性，监督管理应尽可能地进行国际协调。我们必须继续加强金融基础设施的工作。例如，鼓励信贷违约掉期和其他衍生产品交易向交易对手转移。监督机构应提高对整个金融体系的监督能力，而不是过度关注个别独立企业的情况；我们必须重新审视资本管理、会计准则和监管制度的其他方面，以确保它们不会在金融体系和经济中引发过度的顺周期性（正向反馈机制）。但是，在我们进行监管改革时，要注意不要采取放弃金融创新和市场调整经济利益的行为。

特别迫切的是，要解决被认为“太大而不能倒”的金融机构问题。政府现在不得不支持维护金融稳定的大型企业，它们中的有些机构在经济繁荣时期是最大的冒险者，而这是不可接受的。“太大而不能倒”的企业的存在也违反了金融机构公平竞争的假设。未来，任何类型的金融公司如果失败会造成系统性风险，就必须特别接受监管机构对其冒险行为的严格审查。美国急需的还包括启动一套新的程序来解决被视为系统性危机的、失败的非银行机构的问题，这有些类似于目前在所谓的系统性风险例外情况下解决银行问题的规则和权力。

结论

当今世界面临近期与远期挑战。在近期，最重要的是推动全球经济复苏。美联储拥有强有力的政策工具，将积极开展行动，实现经济复苏。财政政策可以刺激经济活动，但持续的经济复苏需要一个全方位计划，以稳定金融体系并重建正常的信贷流动。

虽然专注于眼前问题是可以理解的，但并不可借此推迟解决长期问题的工作。从近期发生的事情看，排序最高的问题是加强监督管理，并改善私营部门和监管机构发现和管理风险的能力。

最后，近期一个明确的教训是，世界已经紧密相连，以至于国家无法在经济、金融和监管政策方面独自行事。如果我们要成功解决危机，为健康、持续的复苏提供基础，那么，国际合作是至关重要的。

金融危机的年末反思

伯南克主席

堪萨斯城联邦储备银行的年度经济研讨会

怀俄明州，杰克逊霍尔

2009 年 8 月 21 日

一年前，也就是2008 年召开这个座谈会的时候，经济环境还颇具挑战。在2007 年 8 月金融危机爆发一年之后，金融市场依然受压，经济增速放缓，全球大宗商品价格上涨推动的通货膨胀显著上升。当时我们还未预料到，一年后的经济和政策环境将变得更加困难。在接下来的几个星期，我们看到，一些具有系统重要性的金融机构要么失败，要么接近失败，一些主要金融市场的活动实际上陷于停滞，全球经济陷入深度衰退。我今天上午的发言将主要回顾去年发生的重要事件以及美国和他国的政策回应。

世界各国可以从过去一年得出两点教训：一是严重的金融危机对整个人类和全球经济都会产生巨大影响；二是金融体系的崩溃没有国界，危机会波及全球，任何一个国家都不能幸免。历史上也不乏这样的例子，在金融危机中，政策反应滞后或力度不足会导致经济进一步恶化和财政成本增加。相较而言，在此次危机中，美国及其他主要国家采取了更加快速、更为有力的措施以阻止全球经济步入更加危险的境地。

2008 年 9 月至 10 月：金融危机加剧

美国经济自 2007 年 12 月以来开始衰退，失业率至 2008 年 7 月份上升至 5.75%，住房开支不断下降，房屋价格也不断下降，抵押贷款违约率节节攀升，市场对金融机构信贷损失的预期不断升高。尽管当时市场存在各种担忧，却很少有市场参与者认为金融机构的生存状况会急剧恶化。例如，尽管利差和信用违约互换（CDS）报价等反映违约风险的指标已经超过历史平均水平，但大部分指标已经从之前的峰值水平开始回落。

2008 年 9 月初，当联邦基金利率调至 2% 的时候，几乎没有投资者可以预见到联邦基金利率会在 6 个月后再度下调至 1.75%。市场参与者普遍认为，美国没有必要进一步推行其他货币政策以刺激经济增长。然而，就在 2008 年 9 月杰克逊霍尔镇年会后不久，金融系统的风险大幅度提升。尽管美联储采取了救助“两房”的行动，但“两房”的情况仍进一步恶化。很快，其他一些大型金融机构也开始面临来自债权人、合作伙伴以及消费者方面的巨大压力。美联储一直坚持这样的观点：在一场大的金融危机中，如果一个或多个具有系统重要性的关键金融机构倒闭，将对金融体系和整体经济造成极为负面的影响。因此，美联储坚持和其他部门一起合作，在其职权范围内不遗余力地努力规避这种风险。

然而，雷曼兄弟的情况更为糟糕。政府试图为雷曼兄弟寻找买家以及设计一个行业解决方案，但所有努力均告失败。当时雷曼兄弟的抵押品数量远远低于从美联储获得贷款所需的抵押品数量。鉴于美联储不能提供无抵押的贷款，而且政府缺乏适当的处置权和注资权，雷曼兄弟的破产无法避免。美联储和财政部不得不转而集中力量来减少雷曼兄弟破产所产生的其他影响，例如，美联储采取了相应措施来稳定回购市场。与此相比，在美国国际集团（AIG）的案例中，美联储认为其资产能够覆盖 850 亿美元的贷款，因此 AIG 避免了破产的厄运。而且，由于 AIG 是许多国际大型金融公司的合作伙伴，是商业票据市场和公共债务市场的主要参与者，同时也是上千万消费者保险产品的提供商，如果它突然破产，将会进一步激化金融危机。而在那个时候，政府已经没有充足的财政资源来处理这样具有系统影响力的重大事件了。

继雷曼兄弟倒闭之后，美林被美洲银行收购，摩根士丹利（Morgan Stanley）和高盛（Goldman Sachs）经美联储批准成为银行控股公司。不仅如此，英国、比利时、荷兰、德国、法国、卢森堡、冰岛、瑞士和瑞典等许多国家也面临着同样严峻的问题。雷曼兄弟的失败和 AIG 的失败不是孤立的事件，许多其他著名的企业都因为市场信心下滑而备受压力。投资银行美林在雷曼兄弟失败后承受压力，不得不同意被美国银行收购；而大型商业银行瓦乔维亚（Wachovia）在经历了严重的资本外流事件之后同意出售。当联邦准备金委员会紧急批准银行控股公司时，剩下的两家最大的独立投资银行摩根士丹利和高盛才得以稳定。金融公司的巨大压力并不仅限于美国了，例如，9 月 18 日，资产超过 1 万亿美元的英国抵押贷款机构 HBOS 被迫与 Lloyds TSB 合并。9 月 29 日，比利时、卢森堡和荷兰政府将富通银行（一家拥有 1 万亿美元资产的银行和保险公司）国有化。同一天，德国当局向一家大型商业房地产贷款公司 Hypo Real Estate 提供了援助，英国政府将抵押贷款机构 Bradford 和 Bingley 国有化。第二天，9 月 30 日，比利时、法国和卢森堡政府向资产超过7 000亿美元的银行德克夏（Dexia）注资，爱尔兰政府向爱尔兰六大金融机构的存款和大部分其他债务提供担保。此后不久，由于冰岛政府缺乏救援资金，该国三大银行被置于接管状态，并要求国际货币基金组织（IMF）和其他北欧国家政府提供援助。10 月中旬，瑞士当局宣布为全球最大的银行之一瑞银（UBS）提供救助方案，瑞银是其注资和购买资产的组成部分①。日益增长的压力不仅限于在美国和英国等

---

① 当然，这些干预不是危机的第一步。例如，在 2007 年 7 月和 8 月，两家德国银行（IKB 和 Sachsen LB）原本严重依靠资产支持商业票据类的市场融资渠道提供资金，在遭遇了困难后不得不寻求公共部门的帮助，以应对严重的资金压力。2007 年 9 月，大量依赖证券化融资的大型抵押贷款公司北岩石（Northern Rock）在经历了零售存款人挤兑后，被英国当局收归国有。2008 年 2 月，另一家依靠资产支持商业票据类市场融资渠道的德国银行 West LB 公司得到了包括北莱茵—威斯特伐利亚州在内股东的破产保护。而在 2008 年 3 月，美国财政部和联邦储备委员会促成摩根大通银行收购了投资银行贝尔斯登（Bear Stearns）。

国家的银行房地产或资产证券化行业。例如，9 月下旬流传的一些未经证实的谣言表明，因为几个大型瑞典银行在批发存款方面遇到了困难，所以瑞典政府 10 月 13 日宣布了保证银行债务和向银行注资的措施①。

迅速恶化的金融危机很快从金融机构向货币市场和资本市场蔓延。银行间同业市场和商业票据市场等短期融资市场的状况急剧恶化，股价大幅下跌，风险利差持续扩大。危机甚至已经开始波及全球化程度较低的国家，新兴经济体的金融市场由于资金从流入突然逆转为流出而遭受重创。

政策反应

尽管各国金融系统的具体情况有所不同，但面对突然升级的危机，美国和各国监管部门迅速做出反应，协同一致的政策措施避免了全球金融体系的进一步崩溃。尽管此后危机的强度有所缓和，系统性崩溃的风险也在减小，金融机构整体压力有所下降，但金融市场仍面临着巨大压力，政府仍有必要采取措施防止具有系统重要性的金融机构突然倒闭。美国在 2008 年 11 月和今年 1 月分别宣布了对花旗银行和美洲银行的援助计划，同样，欧洲也宣布了对一些大型金融机构的救助措施。

各国的一致行动防止了形势进一步恶化，但金融市场的压力已对实体经济产生了破坏性影响。2008 年第四季度和 2009 年第一季度，全球经济增速为近十多年来最低水平。这两个季度美国经济实际 GDP 按年率计算下降了 6%，比 1981 年、1982 年经济衰退时期还要严重。这场金融危机不仅通过资产价格下降和信贷条件紧缩影响了经济行

① 上述举例仅代表一些实例，而不意在详尽列明所有相关案例的清单。

为，也大大打击了家庭和企业部门的信心。美联储根据形势的发展，出台了一系列新的货币政策。自2007年7月开始，美联储连续下调联邦基金利率，并于2008年12月将联邦基金利率下调至0～0.25%的历史低点。

除此之外，美联储还采取了非常规的政策工具。一是大量购买债券。2008年11月25日，美联储宣布购买总额不超过1 000亿美元的机构债券和5 000亿美元的抵押贷款支持债券。今年3月份，美联储又将机构债券购买总额提高至2 000亿美元，将抵押贷款支持债券购买总额提高至1.25万亿美元，并购买总额不超过3 000亿美元的国债。二是创设流动性工具。2008年11月25日，美联储宣布创设短期资产抵押债券信贷工具（TALF），以解冻住房信贷市场和消费信贷市场。三是积极配合财政部实施金融稳定计划。美联储与其他监管部门对全美19家大型银行进行压力测试，并向市场公布了压力测试结果，进一步稳定了金融市场情绪。其他国家中央银行也纷纷降低利率水平并采取多种非常规的货币政策工具。总的来说，过去几个月各国都在积极采取政策，美国也在金融市场和非银行金融机构方面采取了更多的行动。为恢复主要金融市场的功能，美国推出了一系列创新流动性工具。这些举措有助于稳定商业票据市场以及防止资金从货币市场共同基金大量流出。

在此期间，国外商业银行对美元存在大量融资需求，这对全球银行市场造成压力，并进一步挤压了美国的信贷市场。因此，美联储扩大了和其他国家的货币互换范围，在原来只与欧洲中央银行和瑞士中央银行进行货币互换的基础上，2008年9月份增加了7个国家，10月份再次增加了5个国家，其中包括4个新兴市场国家①。此外，2008年10月8

① 这些方面措施的一个重要特点是：美联储的交易对手是外国的中央银行，它们是政府实体，而不是私营部门实体。因此，美联储通过这些安排承担的风险很小。

日，美联储和其他 5 个主要国家的央行协同行动联手降低利率。雷曼兄弟的破产表明，美联储提供的流动性支持不足以阻止这场危机，稳定金融体系还需要投入大量的财政资源。10 月 3 日，在财政部提议和美联储强烈支持下，国会批准了问题资产救助计划（TARP），该计划将提供 7 000 亿美元来维持美国金融体系的稳定。

2008 年 10 月的第一个星期，市场波动仍然很大，金融机构承受的压力也在持续。但 10 月 10 日在华盛顿召开的 G7 财长和央行行长会议被视为一个分水岭。会后发表的联合声明指出，各国将协同行动以稳定全球金融市场。各国尤其强调要防止具有系统重要性的金融机构倒闭，确保金融机构有足够多的途径融资以获得资本，包括在关键的时候注入公共资金，同时还可以通过存款保险和担保的方式提升存款人的信心①。随后，许多国家根据 G7 会议提出的原则，宣布了更加广泛的银行救助计划，包括扩大存款保险项目、为非存款类负债提供担保以及给银行注入公共资金等。这些强劲且史无前例的国际性行动产生了广泛的影响，有效维护了主要金融市场的稳定：短期融资市场运转更加正常，公司债券发行有所增加，先前低迷的证券市场有所恢复，部分股票价格上涨，住房按揭贷款利率大幅降低。关键的一点是，人们对金融崩溃的担忧情绪大大缓解，经济在经历过去一年大幅萎缩之后近期呈现出触底迹象。

尽管全球经济已经度过了最艰难的时期，但未来仍将面临诸多困难和挑战：全球金融市场的压力仍然存在，一些金融机构的损失还将进一步增加，许多企业和家庭仍难以获得信贷支持。由于种种原因，经济复苏步伐一开始会相对缓慢，失业率只会逐步从高位回落。

---

① 联邦存款保险公司的担保方案补充了临时增加的存款保险限额，从每个账户 10 万美元到 25 万美元不等，由国会通过作为紧急经济稳定法案的一部分。国会依据该法案还推出了 TARP。

对金融危机的解释：典型恐慌的原因

引发金融危机最主要的原因还是经济基本面。2007 年年底，美国经济开始衰退，并在 2008 年夏天进一步恶化。房价持续大幅下跌，止赎率不断攀升，投资者对抵押物价值和金融机构潜在损失的担心也与日俱增。事实上，投资者对所有形式的私人信贷——尤其是对结构性信贷产品以及其他形式的复杂金融工具——都产生了很大的怀疑。

同时，此次金融危机也呈现出典型恐慌（classic panic）的特征，正如巴格特（Bagehot）以及很多经济学家曾经描述的那样[①]，恐慌通常首先出现在短期资金的借出方，最后可能导致相关金融机构的破产。历史上大家最为熟悉的例子就是银行挤兑，后来出台的存款保险制度以及金融监管措施，使得这类事件越来越少[②]。虽然恐慌是集体非理性的表现，但对个体而言却是理性的，因为每个市场参与者都有很强的动机成为第一个从出口跑出去的人[③]。

2008 年这个时候，恐慌开始以多种形式出现。例如，许多金融机

---

① 参见 Walter Bagehot（1897），《朗伯德街：货币市场的描述》，纽约：查尔斯·斯克里布纳父子出版公司。

② 英国的北岩石（Northern Rock）事件可能被视为一个反例，但在这种情况下，存款保险只是部分保险而不是全额保险。

③ 可以肯定的是，金融体系中资产和负债之间存在期限错配有经济上的合理原因，包括允许家庭在何时消费上具有一定的灵活性，参见 Douglas W. Diamond 和 Philip H. Dybvig（1983），“银行挤兑存款保险和流动性”，《政治经济学杂志》，第 91 卷（6 月），第 401 – 419 页。此外，短期债权人可以帮助强化对金融机构的市场纪律，参见 Charles W. Calomiris 和 Charles M. Kahn（1991），“构建最佳银行安排中需求债务的作用”，《美国经济评论》，第 81 卷（6 月），第 497 – 513 页；Douglas W. Diamond 和 Raghuram G. Rajan（2001），“流动性风险，流动性创造和金融脆弱性：银行理论”，《政治经济学杂志》，第 109 卷（4 月），第 287 – 327 页。另外，在恐慌期间，担心资金的金融公司可能会囤积流动性，进一步加剧这种情况，见：Douglas W. Diamond 和 Raghuram G. Rajan（2009），“对甩卖和信贷冻结的恐惧”，《NBER 工作文件系列》，14925（剑桥麻省：NBER，4 月，2009）；“动态债务运行（385 KB PDF）”，未发表论文，6 月 30 日，普林斯顿大学，新泽西州普林斯顿大学。

构通过短期回购协议进行融资。在回购协议中，贷款的最高金额是抵押物的估值减去折价。当危机发生时，短期资金提供者为使自己免受资产价格下跌带来的损失，通常会提高折价率。但这种个人理性行为可能会引发一系列后果。折价率提高会加大融资难度，一些借款人被迫在流动性较差的市场上出售资产，导致资产价格下降，市场动荡加剧，并使得其他类似资产持有人的财务状况持续恶化。这反过来又加大了贷款人的风险，导致它们又进一步提高折价率①。这种不稳定的连锁反应在2008年3月份贝尔斯登濒临倒闭时就已经十分明显了，而到2008年9月中旬危机进一步恶化时，折价率急剧上升②。这种恶性循环造成了金融危机的蔓延，并模糊了清偿性和流动性风险之间的界线。同时，结构性投资工具和其他资产支持项目难以延续，相关机构被迫向银行寻求流动性支持或被迫出售自身资产。

继雷曼兄弟破产之后，恐慌笼罩着整个货币市场共同基金和商业票据市场。更为普遍的是，在危机中未投保债权人的挤兑行为给许多金融公司的融资带来了更加严重的问题。总的来说，恐慌情绪一定程度上成为2008年秋天金融危机加剧，继而在全球迅速蔓延的原因之一。美联储意识到此次金融危机呈现出了典型恐慌的特征，从而有针对性地开始采取政策措施。巴格特认为，中央银行作为唯一有能力提高金融体系整体流动性的机构，应在恰当的时候为市场提供流动性，以减轻恐慌

① 见 Markus K. Brunnermeier（2009），“破译流动性和信用恐慌 2007—2008”，经济展望杂志，第23卷（冬季），第77－100页。这与标准的银行挤兑的不同在于投资者并没有完全撤回资金。造成差异的原因在于贷款合同的性质。在标准的银行存款合同中，存款的货币价格是固定的，所以当存款的价值低于货币价值时，存款人就没有其他选择了。由于类似的原因，当赎回价值超过持有基金的价值时，货币市场共同基金中的许多投资者撤回了所有的资金。相比之下，在回购协议贷款的情形下，贷款人可以选择不同的“调整”方式。类似情况还包括银行票据贴现市场，参见：Gorton（1996），“早期银行票据市场中的声誉形成”，《政治经济学杂志》第104卷（4月），第346－397页。然而，在任何一种情况下，流动性溢价的变化都会对贷款人愿意提供的资金数量产生重要的影响。

② 见 Gary B. Gorton 和 Andrew Metrick（2009年），《耶鲁国际金融中心第14号工作文件》，“证券化银行与回购运行”。

情绪。

危机出现以来，美联储以及其他中央银行为金融机构、货币市场共同基金和商业票据市场提供了大量流动资金，为整个金融体系注入了大量流动性。虽然为金融体系提供流动性并不能从根本上解决信用风险和信贷损失问题，但是可以减少流动性溢价，有助于恢复投资者信心，从而促进金融稳定。值得注意的是，自今年年初以来，美联储大大减少了流动性工具的使用，这是一个明确的信号，表明市场流动性压力开始缓解，市场状况趋于正常。那么，此次金融危机对于未来货币政策和监管改革有什么启示呢？过去两年，金融市场主要参与者的信用风险、市场风险和资金风险之间错综复杂的关系，将给予整个金融体系很好的启示。经验表明，流动性风险管理和资本充足率、信用和市场风险管理同样必要。巴塞尔银行监管委员会和美国银行监管机构最近颁布了“关于加强金融机构流动性风险管理的指导”，因为主要金融机构的流动性不足将对整个金融体系造成不利影响，所以目前的指导必须确保大型金融机构不能过度依赖中央银行的流动性支持。但是，公司层面的流动性风险管理不可能完全避免系统性金融风险。

在严重的金融恐慌中，“融资难”问题势必会出现，并可能会以难以预计的方式持续蔓延。这时，只有中央银行才能有效抑制流动性急剧下降的问题。未来，金融监管需要更加关注整个金融体系，宏观审慎监管的特征就是强调金融机构和市场之间的相互依赖[①]。

结论

2008 年的这个时候，全球经历了自大萧条以来最为严重的金融危机，并引发了全球经济衰退。虽然金融危机对经济的影响十分严重，但

① 见本·伯南克（2009 年），“解决系统性风险的金融改革”，3 月 10 日在华盛顿对外关系委员会发表的演讲。

是如果没有采取有针对性的措施，那么结果可能会更糟糕。20 世纪 30 年代，应对危机的政策措施还是比较被动的，而且由于政治原因难以进行有效的国际经济金融合作。而在过去的一年中，全球货币政策和财政政策既有力又互补。如果没有采取这些迅速而强有力的行动，那么 2008 年 10 月的恐慌情绪可能会持续蔓延，更多的大型金融公司将会倒闭，全球金融体系都将面临更加严重的风险，全球经济衰退程度会更深，历时会更长。

虽然全球经济没有出现更糟糕的情况，但未来仍面临挑战。各国必须携手巩固目前已经取得的成果，以确保经济持续复苏。同时，应从此次金融危机中吸取教训，建立一个新的金融监管框架，避免过去两年的金融危机重演。我期待在一年之后在我们再次在这里会面时，我们能够在这两个方面取得实质性的进展。

金融危机对经济学的启示

伯南克主席

在本德姆金融中心和经济政策研究中心共同主办的会议上的讲话

普林斯顿大学，新泽西

2010 年 9 月 24 日

谢谢主办者给我这个机会回到普林斯顿。很高兴能够与老朋友及同事们叙旧，并看到校园的新变化和老传统。我特别高兴地看到本德姆金融中心正在蓬勃发展。当我和我的同事十年前创立了这个中心时，我们希望学生们在这里不仅仅学习现代金融理论和实践技术性问题，而且也学习更为广泛的金融活动的经济背景。最近的事态表明，理解金融市场和金融机构在经济中的作用，以及经济发展对金融的影响，比以往任何时候都更加重要。

三年多前开始的金融危机，已被事实证明是大萧条以来经济决策者们面临的最困难的挑战之一。对这一挑战所采取的政策措施包括了许多重要成果，尤其是在 2008 年秋季危机最严重的时刻，世界各国协调一致共同努力，稳定了全球金融体系。对美联储而言，它与其他决策者们密切合作，在国内和国际两条战线，制定集体应对危机的措施；在此过程中，联储发挥了关键的作用，为一系列金融机构提供了流动性支持，有效遏制了恐慌。美联储还开发了专门的贷款工具，帮助恢复主要金融市场（包括商业票据市场和资产支持证券市场）的正常运作。联储还领导了 2009 年春的银行压力测试，显著改善了对美国银行体系的信心。在货币政策领域，联储采取了积极的创新行动，稳定了经济，并为复苏奠定了基础。

尽管取得了这些政策的成功，但整个事件对经济和经济学家的声誉而言并不是好事，尽管这可以理解。经济学家们几乎普遍地未能预测危机的性质、时间及严重程度。那些发出早期预警的少数人，一般而言，也只是发现了整个体系中个别、孤立的问题，并没有发现其复杂联系的全面机制，而这些联系和机制放大了最初的冲击，直至最终导致了灾难性的全球危机和衰退。此外，虽然现在金融市场大多正常运转，但迄今为止，政策努力还没有产生足够的经济复苏力度，以大幅降低高失业率。基于这些问题，一些观察家们认为有必要对经济学作为一门学科进行彻底的改革，甚至认为近几十年来，宏观经济学和金融学的许多研究都没有什么价值（甚至适得其反）。

虽然经济学家们可以从这场危机中学习很多，但我认为对这一领域进行彻底改革的要求言过其实。尤其是，在我看来，目前对经济学的批评，有时会把三个重叠而又独立的领域混为一谈，即我在今天的讨论中将其称之为*经济科学*、*经济工程*和*经济管理*三个领域。经济科学主要是关注个人、机构、市场和国家经济行为的理论和实证概括。大多数学术研究属于这一类。经济工程是关于实现具体经济目标的框架设计和分析。这样框架的例子包括金融机构的风险管理系统和美国及其他国家的金融监管系统。经济管理则涉及经济框架的实际运营，例如，在私营领域，复杂金融机构的管理；或公共领域，监管机构对这些金融机构的日常监督。

你可能已经猜到，上述术语是为了把科学和工程分开讨论。支撑任何实践科学或工程的活动的知识，例如登陆月球、心脏移植或建造摩天大楼，首先都是基础的科学知识；其次，是设计和工程原理，这些知识是从经验和基础知识的应用中衍生出来的；最后，是对特定的努力的管理，往往包括协调复杂团体中许多人的努力，同时需应对无数不确定因素。任何实际工作成功需要全部的上述三个组成部分。例如，控制艾滋病的斗争需要有关疾病的原因和机制的科学知识（科学部分），医疗技术和公共卫生战略的发展（工程应用），以及把这些技术和战略实施于具体社区和患者（管理方面）。20 年前，艾滋病死亡率主要反映了科学认识和药物治疗技术设计方面的差距；今天，这个问题更可能是缺乏资金或缺乏经过培训的人员来执行项目或实施治疗。

基于这种分类，我认为最近的金融危机更多的是经济工程和经济管理的失败，而非我所说的经济科学。经济工程问题反映在我们金融体系的一些结构性弱点上。在私营部门，这些弱点包括：许多金融公司的风险度量和风险管理体系不足，以及一些公司业务模式的缺陷。例如，过度依赖不稳定的短期资金和杠杆率过高。在公共部门，金融监管结构中的一些差距和盲点，在美国和其他多数国家被证明是特别具有破坏性的。这些监管结构是为较早的时代设计的，并没有适应金融部门的快速变革和创新，例如，通过所谓的影子银行系统，在规范的存款机构之外进行的金融中介行为越来越多。在经济管理领域，金融公司的领导人、市场参与者和政府决策者，要么不承认重大的结构性问题和出现的风险，要么当他们发现风险时，没有足够快速、有力地进行回应。相比之下，我所说的经济科学的缺点，大部分对危机而言不那么重要。的确，虽然绝大多数经济学家没有预见到金融体系几乎崩溃，但经济分析已被证明对理解危机、制定危机控制政策以及设计防止危机再度发生的长期解决方案至关重要。

我不想把这个比喻推得太远。作为一门学科，经济学与科学和工程学有很大的不同，后者与无生命的事物而非有意志的人打交道，往往可以预测得更加精确。此外，经济科学和经济工程学之间的区别可能不如我的类比那么尖锐，因为许多经济研究都对政策有直接影响。虽然我不认为我们应当从头到脚反思经济学和金融学，但它确实揭示了我们对金融市场、金融机构和经济整体相互作用某些领域的重要缺陷。我下面会进一步讨论。当然，这场危机应该，而且事实上已经，使经济研究更加关注金融不稳定性及其对整体经济的影响。

在余下的讲话中，我将集中讨论危机对于我所说的经济科学的影响，即基础经济研究和分析。首先，我将举几个例子，说明经济原理和经济研究不仅没有误导我们，而且大大增强了我们对危机的认识，并且为监管措施提供了依据。然而，危机确实揭示了经济学家应该弥补的一些知识差距，我将讨论其中的一部分，并为今后的研究提出可能的方向，以最终帮助我们实现更为宏观的金融和宏观经济的稳定性。

经济学如何帮助我们理解和应对危机

金融危机代表了一系列复杂的交互过程——事实上，如果我们今天下午讨论引爆危机的触发因素，以及让危机造成如此灾难性影响的金融体系和监管“薄弱点”，那我们的时间恐怕是不够的①。我们的金融体系如此复杂，因此，难以预测单一金融市场或机构情况对整个系统的影响。但是，至少在回顾的过程中，经济原理和经济研究对于理解危机的关键方面，以及设计合适的政策应对措施，都是十分有用的。

例如，一些金融公司过度依赖不稳定的短期资金，导致关键金融机构的挤兑，从而对整个系统的运行产生了极其不利的影响。依赖短期不稳定资金可导致银行挤兑，对经济学家来说并不是新闻。自从亨利·桑顿和沃尔特·巴格特（Walter Bagehot）在19世纪写下这个问题以来②，

---

① 为了在金融危机期间对脆弱性和触发因素进行更全面的讨论，请参阅本·伯南克（Ben S. Bernanke，2010），“近期金融和经济危机的原因”金融危机调查委员会，9月2日，见www. federalreserve. gov/newsevents/testimony/bernanke20100902a. htm。

② 参见亨利·桑顿，《对英国纸币信用的性质和影响的调查》；Walter Bagehot《朗伯德街：货币市场的描述》。另参见：布赖恩·F. 马迪根，在“金融危机下制定和实施政策的讲话”，其中包含了金融危机期间美联储的政策行动与巴格特的观点有关的讨论。见由堪萨斯联邦储备银行于8月20日至22日在美国佛罗里达州杰克逊霍尔市举办的稳定和宏观经济政策研讨会，www. federalreserve. gov/newsevents/speech/madigan2009 0821a. htm。另见本·伯南克（Ben S. Bernanke）（2008），“美联储的流动性提供”，在亚特兰大联邦储备银行5月13日于加利福尼亚州海岛举行的金融市场会议上的演讲，见 www. federalreserve. gov/newsevents/speech/bernanke20080513. htm。

这一直是货币经济学的核心问题。事实上，最近的危机与桑顿和巴格特时代的银行挤兑非常相似。但在这次金融危机中，挤兑发生在传统银行系统之外的影子银行体系中——包括传统受监管的存款机构之外的金融机构，例如，证券化平台、货币市场基金和投资银行。在危机之前，这些机构已经越来越依赖于各种形式的短期批发融资，甚至一些全球性的商业银行也如此。这种短期资金的例子包括商业票据、回购协议和证券借款。危机发生前的几年，这些资金中的一部分增长得特别快。例如，美国经纪交易商的回购负债在危机发生前四年增加到 2.5 倍，而这个扩张的很大一部分是由流动性相对较差的证券支持的。

在存款保险之前时代的类似银行挤兑中，当零售储户听到他们银行出现状况的传闻之后——无论是真实的还是不真实的——都会排队提取存款。如果挤兑继续的话，没有中央银行或其他流动性支持者的介入，银行将用尽偿还储户的现金，最后破产。通常而言，恐慌会蔓延下去，因为那些拥有类似特征的银行，或与破产银行有财务关联的银行会受到怀疑。在最近的危机中，货币市场共同基金及其投资者以及其他短期融资提供者，与20世纪30年代初的零售储户如出一辙。影子银行依靠这些提供商为其长期信贷工具提供资金来源，包括次级抵押贷款支持的证券。在房价开始下跌之后，人们开始担忧次级抵押贷款的质量问题，以及包含次级抵押贷款支持证券的各种信用产品的质量问题。虽然很多影子银行对次级贷款和其他有问题的信用产品的风险有限，但其所涉证券的复杂性和许多财务安排的不透明，使得投资者很难辨识风险。在不确定性加剧的背景下，许多投资者认为，简单地撤回资金是更容易和更谨慎的选择。反过来，金融机构知道挤兑可带来的风险，也开始囤积现金，从而“吸干”了流动性，并大大限制了它们放出新贷款的意愿①。

由于影子银行体系挤兑发生在商业银行之外，在历史上不曾有过类似情况，因此，私营部门和监管者均未充分预见到这种挤兑可能发生的风险。然而，一旦威胁变成现实，两个世纪以来关于挤兑和恐慌的思考，将有助于进行（危机）诊断和政策回应。特别是，在最近一段时间里，全世界的中央银行都遵循1873年巴格特提出的格言：为了避免或抑制恐慌，中央银行应该自由地向有偿债能力的机构提供贷款，并质押好的抵押品②。美联储确实迅速行动，为银行体系提供了流动性，例如，在贴现窗口放松贷款条件，提供定期举行的中央银行信贷拍卖。美联储使用了自20世纪30年代以来从未使用过的紧急权力，为影子银行体系的关键部分（包括证券交易商、商业票据市场、货币市场共同基金和资产支持证券市场）提供流动性。就今天的目的而言，我的观点不是要回顾这段历史，而是要指出，在此次政策回应中，美联储依靠的是具有深厚历史根源的完整经济理念③。在这种情况下，我们既不缺乏对挤兑为何发生的专业理解，也不缺乏中央银行和其他监管机构应如何应对的方案。相反，问题在于私营部门和公共部门的行为主体们，都没

---

① 参见：Gary B. Gorton（2008）在堪萨斯城联邦储备银行赞助的一个研讨会上发表的题为“在不断变化的金融体系中保持稳定性”的论文。8月21日—23日，霍尔，该文件可从www.kansascityfed.org/publications/research/escp/escp－2008.cfm获得。另见Markus K. Brunnermeier（2009），《解读2007－2008年的流动性和信贷危机》，《经济展望期刊》第一卷。23（冬季），第77－100页。

② 巴格特还建议：“这些贷款只能以非常高的利率进行”（*Lombard Street*，第99页，注2）。一些现代评论家已经合理化了他的言论，以高放贷利率作为减轻道德风险的一种方式。也就是说，在任何危机发生之前，帮助保持激励私营部门银行提供足够的流动性。然而，道德风险似乎并不是巴格特推荐高利率的主要动机；相反，他认为这是一种劝阻不必要的借款的工具，从而有助于保护英格兰银行自有的流动资产。有关进一步的文件，请参阅注2中的伯南克，“流动资金提供”。今天，对央行放贷能力的潜在限制几乎不像当初那么紧迫，因为中央银行的流动性提供能力更为薄弱。一般来说，美联储借出的利率高于市场“正常”利率，但低于市场陷入困境和流动性不足的情况。这一战略提供了所需的流动性，同时鼓励借款人在条件正常化的情况下返回私人市场。

③ 大量的现代文献已经更新和正式化了巴格特和桑顿的许多见解。道格拉斯·W. 戴蒙德（Douglas W. Diamond）和菲利普·迪布维格（Philip H. Dybvig，1983）的一个典型例子参见“银行运行，存款保险和流动性”，《政治经济学杂志》，91（3），第401－419页。

有认识到在机构化的背景下，挤兑的潜在影响力与过去的情况截然不同。这些失败也在一定程度上是由于监管结构没有根据影子银行业务的兴起而进行调整，而且未能就监测系统性风险（非单个机构或市场风险）给以足够的重视。

经济研究和经济分析在理解此次危机的许多方面都是有用的。例如，近几十年来经济学最重要的发展之一就是信息经济学的发展。信息经济学研究的是不完全信息或经济主体之间的信息差异如何影响市场结果[①]。信息经济学的一个重要分支，一般说，委托—代理理论，研究在一个特定关系下的委托人（例如公司股东）与为其工作的代理人（例如公司经理）之间的信息差异影响。因为代理人通常拥有比委托人更多的信息 * 例如，管理人员往往比股东更了解公司的机会和问题）而且委托人和代理人的经济利益并不完全一致，很多是基于委托人与代理人之间的合同（无论是明示还是暗示），而在合同给予代理人的激励机制错配的情况下，这个问题就愈发突显。

在危机中，错配的激励机制十分常见。例如，金融机构的薪酬设计中，往往把奖金与短期结果联系在一起，且未就风险进行足够的规划，这导致高层管理人员和低级别员工（例如，交易员和信贷员）会采取过度冒险的工作方式。在所谓次级抵押贷款的“发起业务机会—分销”的业务模式中，也出现了严重的激励结构问题。为了满足对证券化产品的强烈需求，抵押贷款机构和将贷款打包出售给投资者的中介都主要根据其“产品量”获得补偿，因此，它们对信用质量关注得少，许多贷款在没有足够文件披露或背书的情况下就发放了。评级机构本应服务于投资者，但其却有动机帮助证券发行人获得较高的信用评级，这样的利益冲突是另一个例子。

① George Akerlof, A. Michael Spence 和 Joseph Stiglitz 以其在信息经济学领域的领导地位，分享了 2001 年诺贝尔经济学奖。

与信息经济学研究的关键方面一致，公共政策对这些问题的回应集中在改善市场参与者的激励机制方面。例如，为了解决薪酬体制的问题，美联储与其他监管机构一起，对银行机构的薪酬进行了监督审查。这种跨机构的薪酬机制监督，引导员工以更长远的眼光行事，例如，以股票形式支付员工部分薪酬，并依据员工持续优秀表现分期解禁。为了改善“发起业务机会—分销”模式的问题，近期的立法要求包括美联储在内的监管机构，制定新的适用于证券化产品活动的行为标准，以更好地理顺各阶段证券化产品参与者的激励机制①。美国证券交易委员会负责制定新的规则，以减少信用评级机构的利益冲突问题。

信息经济学和一般说，委托—代理理论对于理解所谓的“太大而不能倒”的金融机构问题也十分关键。在危机之前，市场参与者认为，政府不会让大型、复杂和相互联系的金融公司在金融危机中倒闭。而且，众所周知，美国和海外的有关部门的确多次进行过干预，防止类似公司的失败——这些措施与这些公司的所有者、管理者或债权人无关，而是出于对金融体系和整体经济潜在损害的合理担忧。然而，虽然一些大公司的失败或接近失败所造成的不稳定性确实被证明是非常昂贵的，但从某种意义上说，真正的危害是在危机发生之前造成的。如果债权人

---

① 《多德—弗兰克华尔街改革和消费者保护法案》第 941 条中包含与信用风险相关的要求，L. No. 111 - 203（2010 年 7 月）；关于薪酬惯例，请参阅联邦储备系统理事会（2009），“联邦储备委员会关于激励性赔偿的建议指南”，新闻稿，10 月 22 日，www. federalreserve. gov/newsevents/press/bcreg/20091022a. HTM ；也见联邦储备系统理事会（2010），“联邦储备委员会，OCC，OTS，FDIC 激励补偿最终指导”，联合新闻稿，6 月 21 日，www. federalreserve. gov/newsevents/press/bcreg/ 20100621a. htm。政府可能需要干预来改善私营部门的激励机制，那么私营部门的负责人和代理人为自己制定出最好的激励机制是否可行呢？当一家公司拥有多个股东时，集体行动出现问题的可能性是一个原因。干预银行风险行为的标准理由是存款保险的存在，这种存款保险本身通过消除存款人监督其银行活动的动机来扭曲私人的冒险激励；关于早期的讨论，请参阅 John Kareken 和 Neil Wallace（1978）的“存款保险与银行监管：部分均衡阐述”，《商业杂志》，第一卷，51（7 月），第 413 - 438 页。事实上，联邦储备理事会为激励报酬实践提供了一个“安全可靠”的理由。更一般地说，正如危机所显示的那样，不良的激励措施可能会导致不仅影响个人而且会影响更广泛的金融体系的问题。这种溢出效应表明监管可以提供帮助，改善结果。

在情况较乐观时认为有些企业不会倒闭，对风险的要求相对变低，会弱化市场的约束；另外，债权人也不会有太多的动机来监控这些机构的风险行为。因此，正如委托人—代理人理论所预测的那样，那些被认为规模太大而不能倒闭的企业，倾向于冒更大的风险，因为它们面临的投资者压力很小，而且如果它们“赌错了”，它们预期自己会得到援助。这个问题就是经济学家所说的道德风险的一个例子。这些“太大而不能倒”的企业所积聚的风险，增加了发生金融危机的概率，并在发生危机时使情况更加恶化。

对过度冒险的回应之一是监管机构采取更强有力的监督措施。最近，美联储和其他监管机构正在制定法律、规则和程序，从而使那些具有系统重要性的关键企业面临更严格的监管要求和监督。美联储也参与了国际谈判，以提高银行准备金和流动性要求。但是，对于“太大而不能倒”类公司的问题，只有当市场参与者相信当局的声明，即不会介入以防止这些公司失败时，其问题与误区才会消除。如果债权人认为政府不会在（他们）投机失败时拯救这些企业，那么债权人就会有更适当的激励措施来（对风险）定价，以监控和限制他们对贷款企业的风险承担。提升政府就此问题可信度的最好办法，是设计体制安排，即在这种安排下，可以允许没有广泛连带损失的企业失败。如果这样的企业失败能够更安全地发生，当局将不会再有动力去挽救这些企业。金融改革立法已经在这个方向上迈出了重要的一步，建立了一种制度。在该制度下，大型复杂金融公司可以被置于破产管理之下，同时也使得政府能够灵活地采取必要的行动来维护整个系统的稳定。这个新制度有助于重建市场纪律，为债权人及其对手方增加压力，以监督大型金融公司的冒险行为。

经济学家的观点在许多情况下对决策者也是有价值的，例如，对银行设置资本标准和监督；在 2009 年春银行压力测试期间，向市场提供收集到的大量信息；设计美联储非存款机构的流动性安排；分析证券化市场的崩溃；为保护消费者免受欺诈或不适当借贷而采取措施；等等。许多关键的想法，如同桑顿和巴格特的想法一样，都很古老，但有的也反映了近期的研究。例如，近期关于货币政策的工作，帮助美联储提供了进一步的政策调控措施，尽管有零利率下限所造成的限制①。

危机之后的经济学和经济研究

经济学原理和经济研究对于理解和应对危机十分重要。尽管如此，危机及其结果也挑战了一些重要的经济原则和研究议程。我下面简要地指出一些我认为需要经济学界更多关注的领域。

对于研究人员来说，最根本的也许是最具挑战性的，是危机应该激励经济学家们进一步思考他们模拟人类行为的模型。大多数经济学研究者，继续在假定理性、自利的行为和“期望效用”最大化的经典范式内工作——这是一个基于风险情况描述和个人选择的理论，将经济学、统计学和决策理论结合起来，并且已被证明很有用的框架②。该框架的一个重要假设是，在不确定情况下进行决策时，经济主体可以将有意义

---

① 例如利率，美联储就是这样做的：1. 如大卫·雷夫施奈德（David Reifschneider）所讨论的那样，当面对零利率下界时迅速行事，约翰·C. 威廉姆斯（2000），“低通货膨胀时代货币政策的三个教训”，《货币，信贷和银行学报》，第一卷，32（11 月），第 936 – 966 页；2. 如 Gauti Eggertsson和 Michael Woodford（2003）“利率与最优货币政策的零界”，布鲁金斯经济活动论文集，2003（1），第 139 – 211 页；3. 通过购买长期证券来扩大美联储的资产负债表，正如本·伯南克，文森特·莱因哈特和布赖恩·P. 萨克（Brian P. Sack）（2004）所讨论的：“零边界的货币政策选择：实证评估”，布鲁金斯经济活动论文集，2004（2），第 1 – 78 页。

② 这里，我使用了冯·诺依曼 – 摩根斯坦期望效用的扩展，其中描述了关于客观概率超过了客观情况，不是所有可能的结果都被认为是奈特的不确定性风险，个人为风险分配主观概率等情况。关于这方面的一些经典贡献的回顾，参见雅克·H. 德雷兹（Jacques H. Drèze）（1974），“选择的公理化理论和主观概率：回顾”，Jacques H. Drèze 编辑，不确定性下的分配：均衡与最优（伦敦：麦克米伦），第 3 – 23 页。一些作者利用风险来代表客观概率，用不确定性来代表主观概率的情况（参见 David M. Kreps，1990），微观经济学理论课程（普林斯顿大学出版社）。如下文所强调的那样，其他人将不确定性称为不能评估主观概率的情况。正如这个讨论所表明的那样，最好把重点放在使用风险和不确定性这个术语的背景上。

概率分配给不同结果。然而，在金融危机最糟糕的时候，许多经济行为主体——包括投资者、雇主和消费者——都隐喻地举起手来承认，鉴于危机的极端性和某种程度上的空前性，他们不知道他们到底不知道什么。或者，正如拉姆斯菲尔德所说的那样，有太多的“未知的未知数”。在危机期间，与“未知的未知数”相关的深刻不确定性，导致了投资者的恐慌性抛售、雇主大幅削减就业人数以及家庭大幅增加预防性储蓄。

在某些时候，决策者根本无法分配恰当的概率给各种不同的结果——事实上，他们甚至不能想到所有可能的结果，即众所周知的奈特不确定性。经济学家弗兰克·奈特（Frank Knight）在20世纪20年代讨论了这个问题。虽然经济学家和心理学家早已认识到这种模糊性所带来的挑战，并且分析了风险厌恶与歧义厌恶之间的区别，但这些工作在描述和预测人类行为方面（当他们的知识和经验没有提供有用信息的时候），仍然很抽象而且进展有限[①]。这方面的研究可以帮助我们理解危机和其他极端情况。我估计需要通过认真的实证研究，并关注心理和经济因素，才会有所进展。

另一个显然需要关注的问题是资产价格泡沫的形成和传播。十年前，互联网泡沫破灭后，学者们就泡沫做了大量的工作，其中很多都很有趣，但这个领域似乎还远未达成共识，也未能为决策者提供有用的建议。目前，大部分文献都提到泡沫是如何在我们通常认为不应该的情况下持续存在并扩大的。比如，所有的代理人都知道泡沫的存在，并知道套利老手何时在市场上运作。正如我以前的同事，本德海姆中心的学者马库斯·布鲁纳梅尔（Markus Brunnermeier）对泡沫所做的重要研究中

① 关于歧义厌恶的经典参考是由丹尼尔·埃尔斯伯格（Daniel Ellsberg，1961）的“风险，模棱两可和野蛮公理”引起的，《经济学季刊》，第一卷，75（4），第643－669页；对于更近期的抽象的理论处理，请参阅 Larry G. Epstein（1999），“不确定性厌恶的定义”，《经济研究评论》，第一卷，66（7月），第579－608页。

谈道，“我们尚没有很多令人信服的模型来解释泡沫何时以及为什么开始”①。我要补充说的是，我们也不太了解泡沫如何停止，而更好地理解这一过程以及其对家庭、企业和金融部门的影响，将非常有助于设计货币和监管政策。

危机带来的另一个问题，是需要更好地理解金融市场流动性的决定因素。金融资产总是可以按照接近其价值的价格出售的概念，被纳入大多数经济分析中。在危机发生之前，主要市场的流动性往往被金融市场参与者和监管机构视为理所当然。然而，危机表明，风险厌恶、信息不完善和市场波动会吓跑买家，严重损害价格发现。市场非流动性也以危险的方式与金融恐慌相互作用。值得注意的是，有时投资者对金融公司偿付能力的担忧导致挤兑从而形成一个恶性循环：为获得急需的流动性，企业被迫快速出售资产，但这些“大甩卖”使资产价格下跌，加剧投资人对公司偿付能力的担忧。重要的是，这种动态加剧了危机期间流动性缺乏和破产之间的模糊状况。研究流动性和非流动性是困难的，因为它的要求超越了标准的市场清算模型，以检验买卖双方不同时间点的动机和相互作用②。然而，监管机构准备对金融机构施加新的流动性要求，并要求改变主要市场的运行方式，以确保在有压力时市场正常运转，这个领域里与新的政策相关的研究将最受欢迎。

我一直在讨论微观经济学和金融经济学方面需要的研究，但还没有涉及宏观经济学。标准宏观经济模型，例如，新型凯恩斯主义的基本模型，并不能预测危机，也不易于将金融不稳定性影响纳入其中。标准宏观经济模型的这些失败是否意味着它们是不相关的，或者至少是有重大缺陷？我认为不是的。经济模型只在其设定的背景下才有用。大多数时

---

① 参见 Markus K. Brunnermeier（2008），“泡沫”，Steven N. Durlauf 和 Lawrence E. Blume 编著，《新帕尔格雷夫经济学辞典》第二版，纽约：Palgrave Macmillan。

② Allen 等在这方面做了很好的工作；例如参见 Franklin Allen，Elena Carletti，Jan P. Krahnen 和 Marcel Tyrell 编辑并即将出版的《流动性与危机》，纽约：牛津大学出版社。

候，包括在经济衰退期间，严重的金融不稳定性不是问题。标准模型是为非危机时期设计的，在这方面已被证明是非常有用的。值得注意的是，20 世纪 80 年代中期开始的二十年中，上述知识体系帮助大多数工业化国家实现了低通货膨胀和宏观经济稳定的任务。

因此，在宏观经济背景下，理解金融与经济稳定之间的关系是研究人员尚未完成的一项关键任务。早期试图将信贷和金融中介纳入经济波动和货币政策传导的研究是一个可能的出发点。举一个我所熟知的例子，我作为一个学者［与马克·格特勒（Mark Gertler）和西蒙·吉尔克里斯特（Simon Gilchrist）等合作］的许多研究集中于金融因素在传播和扩大商业周期中的作用。格特勒（Gertler）和清泷信宏（Nobuhiro Kiyotaki）进一步发展了这个基本框架来研究金融危机的宏观经济效应①。总体而言，我近期看到的大量将银行业和信贷创造纳入标准宏观经济模型的研究使我备受鼓舞，虽然多数工作与完全掌握我们金融体系中的风险承担、流动性和资本之间的复杂互动关系还有一段距离②。

我认为，如果“封闭经济”的宏观经济学家们认真研究国际经济学家关于金融危机的工作，也会取得一些成果。国际经济学家借鉴新兴市场经济体的实际经验，对银行业和货币危机的起源及其经济影响进行了详细考察；他们对金融危机的国际蔓延也进行了大量研究，这个话题

---

① 见 Mark Gertler 和 Nobuhiro Kiyotaki（即将出版的）《货币经济学手册》；该文件可从下述地址获得：www. econ. nyu. edu/user/gertlerm/gertlerkiyotakiapril6d. pdf 。

② 例如，马文·古德（Marvin Goodfriend）和贝内特·麦卡勒姆（Bennett McCallum）（2007），“货币政策分析中的银行和利率：一种定量的探索”，《货币经济学杂志》，54（5），第 1480 – 1507 页；劳伦斯·J. 克里斯蒂亚诺（Lawrence J. Christiano）、罗伯托·莫托（Roberto Motto）和马西莫·罗斯塔尼奥（Massimo Rostagno）（2009），“经济波动中的金融因素”，在 6 月 4 日至 5 日在华盛顿举行的名为“金融市场与货币政策和银行业务”的会议上发表的。关于强调银行资本作为金融中介约束的研究的例子，见 Skander J. Van den Heuvel（2008），“银行资本要求的福利成本”，《货币经济学杂志》，第一卷，55（5 月），第 298 – 320 页；CésaireA. Meh 和 Kevin Moran（2008），“银行资本在冲击传播中的作用”，《加拿大银行工作报告 2008》（加拿大安大略省渥太华：加拿大银行，10 月）；马克·格特勒（Mark Gertler）和彼得·卡拉迪（Peter Karadi，2009），“非常规货币政策模型”，纽约大学手稿，6 月。

与我们近期的经验有着明显的相关性。

最后，宏观经济模型必须考虑非常规货币政策的可能性，其中有一些已经在危机中被采用。早些时候关于这个话题的工作主要依靠日本的例子。现在，可以使用多个数据点。例如，可以研究美国和英国大规模资产购买的经验，以及这种大规模交易对长期收益率的影响，以及研究如何将这些影响纳入现代利率结构模型中去①。

结束语

我从划定经济学为*科学*、*工程和管理*三个方面的区别开始了今天的讨论。在我看来，金融危机大部分反映了我所说的经济工程和经济管理方面的问题。私营部门的安排（例如风险管理和资金筹集）和金融监管框架在设计和执行上都存在缺陷，而这些缺陷正是金融危机及其经济影响如此严重的主要原因。

我们需要一些非常迫切的措施以防止灾难重复。工程师通过改进基本设计、进行更严格的测试和做出质量保证来提高复杂机器的可靠性，并通过提供更强的材料、更高的冗余度和更好的备份系统等提高机器的弹性。经济决策者们为避免或减轻未来金融危机的努力正沿着类似的路线前进。首先，近期的改革立法改进了监管框架的设计，弥补了影子银行体系监管不足等重大缺陷。同样，在企业领域，公司已采取重大措施，改善风险和流动性管理系统。其次，为了减少未来危机发生的概率和严重性，决策者们将更加密切地进行监控。例如，最近立法设立了由金融监管机构负责人组成的金融稳定监督委员会，该委员会将评估金融体系的潜在风险，发现监管漏洞，并协调不同部门的工作。对系统性重

① 最近关于这个问题研究的一个例子是约瑟夫·加格农，马修·拉斯金，朱莉·雷马什和布赖恩·萨克（2010），“美联储大规模资产购买：它们是否有效？”《工作报告 No：441》（纽约：纽约联邦储备银行，3 月），可在 www. newyorkfed. org/research/staff_ reports/sr441. htm 查阅。另见格特勒和卡拉迪（2009），脚注 14。

要公司采取新的监管体系以及一系列提高透明度的措施强化了市场纪律，这都将有助于补正监管盲区。最后，立法规定以及监管机构独立采取的许多步骤，将会使我们的金融体系更适于抵御冲击，包括：强化重点金融部门的规则，更严格的银行资本和流动性标准，要求更多的衍生工具产品进行标准化并在交易所而不是“柜台上”交易等。

经济工程只有与良好的经济管理相结合才是有效的。就美联储而言，它已经改革了监管方式，以提供更有效、更全面的监督。特别的，我们正采取更加多学科的方法——更多地利用美联储在宏观经济、金融和其他领域的广泛专长，来补充银行监管工作，并使其从宏观上更加审慎——对整个系统以及个别机构的风险同时进行密切关注。上述这些措施，包括加强私营部门的风险管理、改进公共部门的框架设计、更好的监控和监督以及采取更有风险抵御能力的金融体系，虽不能保证金融危机不会再发生，但它们将降低危机的风险，并减轻危机发生之后的影响。

总之，金融危机并没有抹杀经济研究和经济分析的有效性，实际上，经济研究的早期思想和近期成果，对试图诊断和应对金融危机的决策者都非常宝贵。然而，这场危机提出了一些研究人员花费了大量时间并需要继续努力的关键问题。正如我今天所讨论的，在下述领域需要更多工作，即：深刻不确定性情况下经济主体的行为研究，资产价格泡沫和市场流动性决定因素的研究，包括金融不稳定性在内的金融因素对宏观经济和货币政策的影响等。所幸的是，对其中大部分工作，普林斯顿本德姆中心和经济学系已经开展了研究工作。

危机之后：我们该何去何从？

伯南克主席

在第六届欧洲中央银行会议上的讲话

德国，法兰克福

2010年11月19日

差不多是在两年前，即上一次我在欧洲央行（ECB）的时候，我参加了一个非常类似的小组讨论以纪念欧元区成立10周年。当时，尽管我们在庆祝共同欧洲货币创始人所取得的显著成就，但全球经济正处于悬崖边缘。金融市场动荡不定，流动性缺乏，一些全球领先金融机构的生存能力受到质疑。随着资产价格的下降和非金融部门信贷来源受到限制，世界上大多数经济体都已经进入了一个急剧而持续的经济衰退期。

那时，世界各国央行都采取了一些重大措施来稳定金融市场，缓解经济衰退的最坏影响，而且还准备继续做出更多努力。总体而言，央行对危机的反应分为两个阶段。首先，各国中央银行采取了一系列恢复金融市场正常运转与加强银行体系的措施。为了给金融部门提供流动性，相关部门扩大了已有的贷款协议，并增加了新的协议。主要的例子包括欧洲央行（ECB）一年期长期再融资业务，美联储的贴现窗口信贷拍卖［通过期限拍卖机制（TAF）］和日本银行最近扩大流动性的业务。为了满足银行在多种货币上的资金需求，中央银行建立了流动性互换额度制度，使彼此能够使用对方的货币，并把这些资金借给各自辖区内的金融机构；美联储最终与14家央行建立了互换关系。中央银行也努力稳定金融市场，这是向非金融部门提供信贷的重要渠道。例如，美联储启动了稳定商业票据市场和资产支持证券市场的工具，通过这些市场为学生、汽车、信用卡、小企业贷款以及商业抵押贷款提供资金。此外，美联储、欧洲央行、英格兰银行、瑞士国家银行等央行，在稳定和加强各自银行体系方面发挥了重要作用。特别是中央银行帮助各自银行开展并监督银行压力测试，评估银行的脆弱性和资本需求。这些测试的结果有助于减少投资者对银行资产和潜在损失评估的不确定性，增强对银行体系的信心，协助银行筹集私人资本。中央银行在为银行体系制定新的国际资本和流动性标准过程中，也扮演着重要的角色，而这有助于银行体系防范未来的危机。

除了稳定金融市场和银行体系的必要措施之外，央行还主动放松货币政策，支持各自的经济发展。货币政策放松初期采取降低短期政策利率等常规手段，包括2008年10月美联储、欧洲央行和其他主要央行的统一协调降息。然而，随着政策利率接近零下限，各国央行需要通过额外手段放宽货币。例如，包括美联储在内的一些央行通过宣传在一段时间内政策利率将维持低位来降低长期利率预期。使用这种方式的一个突出例子是加拿大银行，它们有条件地承诺直至2010年第二季度都将保持零利率①。为了提供额外的货币供应，几个中央银行（包括美联储、英格兰银行、欧洲央行和日本银行）购买了大量的金融资产，其中包括政府债券、抵押贷款支持证券或有担保债券。资产购买在缓解融资状况方面颇有成效。例如，数据表明，资产购买行为显著降低了美国和英国的长期利率水平②。

尽管中央银行为稳定金融体系和提供货币供应做出了努力，为经济复苏奠定了基础，但发达经济体的经济增长都还比较弱。不同国家和地区的经济前景不同，央行的政策反应也有所不同。在美国，我们发现从

① 最近加拿大银行的研究（见He，2010）表明，该银行的远期指导可能已经推迟了何时撤回政策调控的预期。有关不同的观点，请参阅Chehal和Trehan（2009）。

② 美国的Gagnon等（2010），D'Amico和King（2010）以及Hamilton和Wu（2010）。关于英国，请参阅乔伊斯和其他人（2010年）。

今年早些时候开始，扩张速度放缓。自 2009 年中以来，我们的失业率一直保持在接近 10% 的水平，其中大部分失业人员已经失业六个月或更长时间。此外，通货膨胀率一直在下降，目前相当低，通货膨胀率指标接近 1%。虽然我们预计未来一年经济增长将有所回升，失业率有所下降，但截至目前进展仍令人失望。

在这样的环境下，联邦公开市场委员会（FOMC）认为，需要额外的货币政策调控以支持经济复苏，并使通货膨胀随着时间的推移达到期望的水平。因此，FOMC 本月稍早宣布计划在 2011 年第二季度末之前额外购买 6 000 亿美元的长期国债，每个月大约为 750 亿美元。FOMC 还将维持其目前的政策，即把所持长期国债收回的本金进行再投资。在预期 FOMC 做出上述公告的背景下，市场的融资状况明显改善，表明上述政策对促进经济复苏是有效的。与以往更传统的货币政策手段一样，根据经济前景的变化和 FOMC 对经济政策效果的评估，这些政策行动将会被定期审查。

我从我们共同的经验中总结了一些处理危机的经验教训（当然，这个清单可能挂一漏万）。

第一，在金融危机可能导致毁灭性后果的时候，促进金融稳定是整个宏观经济管理的重要组成部分。因此，中央银行和其他金融监管机构必须警惕并监测金融市场和金融机构对系统稳定的威胁，努力采取措施应对这些威胁。对金融机构监管而言，宏观审慎监管和货币政策是相辅相成的，当积极专注于其中一个方面时，将为其他方面提供重要的信息和经验。事实上，在美联储，我们已经重组了金融监督职能，使在经济、金融市场和监管等领域拥有专长的工作人员密切合作，共同评估潜在的风险。

第二，过去两年已经证明了政策灵活性的价值和新方法的价值。在危机期间，中央银行发挥创造性和创新性，推出了对缓解金融压力和支持经济活动发挥重要作用的项目。随着全球金融体系和各国经济日益复杂化并相互依存，新的挑战仍需要创新的政策与应对措施。

第三，正如我两年前在谈到金融危机时所强调的那样，国际合作是非常有帮助的。事实上，鉴于金融市场的全球化，这种合作至关重要。中央银行们在此次危机期间密切合作，并将把这种合作传统继续下去。无论是在双边讨论中，还是在国际会议上，我们的频繁接触都使我们能够分享思考，比较分析，并随时了解世界各地的发展情况。这种合作与频繁接触，使得我们遇到共同问题并需要快速共同响应时（例如，在危机期间协调降息或建立流动性互换信用时），能够共同迅速地行动起来。这些行动和我们在过去几年中所采取的其他措施，都强调了我们共同努力解决我们共同面临的经济挑战的决心。

大衰退对中央银行理论与实践的影响

伯南克主席

波士顿联邦储备银行第56届经济会议

马萨诸塞州，波士顿

2011年10月18日

2008至2009年的金融危机及其导致的深度衰退是一个极具历史性意义的事件——所谓历史性，体现在其十分严重且对经济的影响十分巨大。正如本次会议文件所指出的，此次危机将对我们的经济、社会和政治产生长期、深刻的影响。无论如何，更为微妙却可能极其重要的是此次危机对知识框架的影响，包括经济学家们分析宏观经济和金融现象的方式与方法。

具体而言，此次危机已经影响了现代中央银行的理论和操作实践，并且这种影响将毫无疑问地继续下去。虽然完整说明近期事件对中央银行理论和操作的影响还为时尚早，但今天我想强调一些已经显而易见的“变化”及“不变”。我的讨论将集中于央行为了回应近期的这些变化，在货币政策与促进金融稳定方面，以及相应地，在分析和执行两个核心职能方面会如何改变。

货币政策框架

在危机之前的20年里，中央银行家和学者们就货币政策的知识和制度框架达成了相当程度的共识。该政策框架的主要特点是对中期价格稳定性、中央银行政策目标和经济预测高透明度的坚定承诺。这种做法帮助中央银行稳定长期通胀预期，增加货币政策有效性，稳定短期产出和就业。这个广泛的框架通常被称为“灵活通胀目标”，因为它把中期通胀目标承诺，与应对经济冲击导致的产出偏离及“充分就业”水平所需的灵活性结合起来。这种短期政策灵活性与中期通胀目标纪律约束的结合，也被视作“有限裁量权”框架。

许多发达国家和新兴市场经济体的中央银行都认为自己是以管控通货膨胀为目标的国家（“通胀目标国”），典型的例子包括澳大利亚、巴西、加拿大、墨西哥、新西兰、挪威、瑞典和英国等。虽然它们的政策策略、政策工具和交流实践的细节有所不同，但几乎所有以通货膨胀为目标的中央银行都灵活地解释自己的任务——在短期内将稳定就业和产出作为重要的政策目标，在中期内寻求实现通货膨胀的相关目标。其他几个主要央行，例如，欧洲央行（ECB）和瑞士国家银行，并不把自己标榜为通胀目标国。然而，它们采纳了该框架的主要特征，包括对价格稳定性的数字定义，经济前景沟通的核心作用，以及愿意适应短期经济稳定目标（只要这些目标不影响主要的价格稳定目标）。

美联储在这一系列政策框架中属于哪一种情况呢？美联储对国会有两个责任目标——最大限度的就业和价格稳定性，这两个目标一样重要，并且没有正式的通胀目标数字。但实际上，美联储政策框架有许多“灵活通胀目标”元素。特别是，像采取“灵活通货膨胀”体制的国家一样，联邦公开市场委员会（FOMC）致力于在中期稳定通胀，同时保持灵活性，以帮助抵消经济活动和就业的周期性波动。

而且，像正式的通胀目标国家一样，随着时间的推移，美联储的经济前景展望、目标和政策策略已经愈发透明。例如，自 2009 年年初以来，美联储的“经济预测总结”包括了 FOMC 的长期预测，这些预测代表了 FOMC 成员对经济增长率、失业率和通货膨胀率随时间变化的趋势评估。这些预测是以适当的货币政策和不会有进一步的经济冲击为条件的。因此，尤其是长期对通货膨胀率的预测可以被理解为委员会成员认为随着时间的推移，最符合美联储最大就业和稳定价格要求的通货膨胀率。这些较长期的通胀预测与通胀目标类似。但重要的是，它们仅代表了委员会成员对符合要求的通胀率的个别判断，而不是委员会整体的正式通货膨胀目标①。

如果确有改变的话，危机前的货币政策共识框架在多大程度上被最近的事件所改变呢？部分是由于认识到在“多事之秋”保持政策持续性和熟悉度的好处，中央银行们在危机期间普遍保留了现有的货币政策方法。在许多方面，现有框架被证明是有效的。值得注意的是，稳定的长期通胀预期缓解了通胀和通缩的风险，主要是由于定价机构和市场参与者普遍对中央银行在中期内将通胀保持在目标附近有信心。“灵活通胀目标”关注中期目标也为中央银行提供了自由度，即在通胀短暂波动的情况下，缓解金融冲击对产出和就业的影响。特别是，在2008年年中和2011年年初，避免了大幅度政策紧缩，当时，大宗商品价格大幅上涨曾暂时使总体通胀率高于目标水平。最后，对于政策利率接近零下限的央行而言，影响公众对未来政策行为预期成为一个重要的工具，我将在稍后进一步讨论。央行对目标和预测透明政策框架的坚守在许多情况下有助于管理这些预期，从而使货币政策在过去几年中变得更可预测和更有效。

然而，最近的经验确实提出了一个关于“灵活通胀目标”框架的重要问题，即虽然该框架有助于长期宏观经济稳定，但最终其本身还不足以确保金融稳定。一些观察人士认为，这方面的失败应导致对通胀目标方法的修正甚至替代。例如，由于“过度金融”往往在相对较长的时间发展积累起来，并最终对通胀产生重大影响，因此有人建议，在执

① 类似地，自2006年以来，日本银行已经提供了各个政策委员会成员对通货膨胀率与价格稳定一致的理解范围。这种理解每年都会被重新审核。

行货币政策时，应考虑更长时期内金融的稳定性因素。[①]

我估计目前的货币政策框架仍然是标准方法，而对其加以创新，无疑将进一步提升中央银行与公众的沟通能力，因为其对宏观经济稳定的益处已被证明。不过，中央银行也在吸取更广泛的教训，即维护金融稳定的责任也是同样重要的。中央银行在此次危机之前的几十年，肯定没有忽视金融稳定的问题，但金融稳定政策往往只是被看作货币政策的“小兄弟”。

货币政策工具

虽然在此次大衰退期间，中央银行的货币政策框架基本保持不变，但它们大大增加了实施这些框架的工具。2008 年开始的危机和全球经济衰退发生之后，各国央行大力实施其常用的政策工具，其中最显著的是使短期利率急剧下降。然后，随着政策利率接近零下限，中央银行开始采用日益广泛的非常规工具，包括前瞻性政策指导和改变资产负债表的规模和组成的操作。

关于未来政策利率走势的前瞻性指导，在危机前已被使用过，但因政策利率接近于零而变得更加重要。突出的例子是加拿大央行在 2009 年 4 月的承诺，即根据通货膨胀的前景，其政策利率将在 2010 年二季度末之前维持在 0.25% 不变[②]。这一承诺成功地向市场参与者澄清了央行对可能政策利率走势的看法，有助于降低长期利率，提供了额外的政

---

① 例如，英格兰银行查尔斯·比恩曾建议：“考虑到积累的金融失衡可能带来的风险，可能需要将通货膨胀目标人士的言辞转向长期。”（Charles Bean，2003，第 70 页），“资产价格，金融不平衡和货币政策：通货膨胀目标是否足够？”《资产价格和货币政策》，澳大利亚储备银行（澳大利亚新南威尔士州：澳大利亚央行，8 月 18 日至 19 日），第 48 – 76 页，请访问 www.rba.gov.au/publications/confs/2003。

② 见加拿大银行（2009），“加拿大央行将隔夜利率目标下调 1 个百分点至 0.25%，以通胀前景为条件，承诺保持目前的政策利率，直到 2010 年第二季度末”，新闻稿，4 月 21 日，http://www.bankofcanada.ca/2009/04/press-releases/fad-press-release-2009-04-21/。

策支持。2010年，面对消费价格的持续紧缩，日本银行也采取有条件的前瞻性指导，指出："本行将继续实行实质零利率政策，直至当本行认为，在'理解中长期价格稳定的基础上'，价格稳定可见，并且在检查包括金融失衡积聚等风险因素时，未发现任何问题。"①

一些央行通过发布其政策利率预测或展望，直接提供前瞻性指导。新西兰储备银行（1997年）、挪威银行（2005年）和瑞典央行（2007年）都采用了这种做法。这些央行在金融危机期间都使用了类似预测，以表明它们很可能将利率维持在低水平至少一年。

在美国，FOMC在2009年3月的声明中表示，其预期利率将在较长时期内保持在低水平上。在2011年8月的会议上，FOMC阐述了其预期利率至少在2013年年中之前会一直保持低水平②。FOMC将进一步探索增加预测和政策计划透明度的方法。

除了关于短期利率的前瞻性指导外，一些中央银行也把改变资产负债表大小和组成作为货币政策工具。特别是，美联储大幅增持长期国债，并扩大包括机构债券和机构抵押贷款支持证券等在内的投资组合。其目标是通过对长期国债和机构债券收益率施加下行压力，诱使投资者将其投资组合转向其他资产（例如公司债券和股票），从而提供额外的货币政策。这些举措还通过提供市场流动性，改善了一些有压力金融市场的功能，尤其在2008年和2009年。

其他央行也比危机之前更加积极地使用资产负债表工具，尽管动机和重点有所不同，这部分反映了各国不同的财务结构。例如，英格兰银行大规模采购中长期政府证券，作为额外刺激的首选工具；在本月早些

---

① 见日本银行（2010年），"综合货币宽松"新闻稿，10月5日，www.boj.or.jp/en/announcements/release_2010/k101005.pdf。

② 美联储理事会（2009），"FOMC声明"，新闻稿，3月18日，www.federalreserve.gov/newsevents/press/monetary/20090318a.htm；联邦储备系统理事会（2011），"FOMC声明"，新闻稿，8月9日，www.federalreserve.gov/newsevents/press/monetary/20110809a.htm。

时候，由于担心国内和全球经济增长放缓，又进一步扩大了资产购买计划的规模。日本银行收购了包括政府债券、公司债券、商业票据、交易所交易股票基金和房地产投资公司发行的股票在内的各种资产。欧洲央行购买了2009年7月至2010年6月之间私募发行的有担保债券，以改善主要细分市场的流动性；最近又宣布计划于11月恢复这种购买。欧洲央行还购买了一些欧元区“脆弱”国家的主权债券，“以确保这些功能失常市场的深度和流动性”，尽管通过抵消操作，这些采购的货币效果被适度中和。①

在大多数情况下，出于宏观经济稳定的目的而使用资产负债表反映的传统政策手段已经出现局限性，因为短期名义利率已经达到了非常低的水平。在正常时期，如短期政策利率不受限制，预期资产负债表政策将很少被使用。与之相反，即使在零利率下限不相关的情况下，前瞻性指导和其他形式的沟通政策也可以是有价值的，我预期未来这些工具的使用会更多。

金融稳定政策

央行在货币政策操作上有创新性。它们在恢复和维护金融稳定方面同样具有创新性。作为最后贷款人——在危机时，准备好借贷给有偿债能力，但流动性不足且有足够抵押品的金融机构——当然是中央银行的传统职能。事实上，建立能够履行这一职能的机构，是1913年美联储成立的主要动机。美联储的贴现窗口，就是一个在正常时期给存款机构提供非常短期流动性的设施。大多数其他央行具有类似功能的设施，通常针对有临时流动性需求的银行。在危机期间，由于短期融资市场未能正常运转，全球央行通过延长贷款期限，扩大接受抵押品范围，扩大交

① 欧洲央行（2010），“欧洲央行决定采取措施解决金融市场严重紧张局势”，新闻稿，5月10日，www. ecb. int/press/pr/date/2010/html/pr100510. en. html 。

易对手方等手段，有力地向机构和市场提供了流动性。

为了帮助稳定金融体系，促进信贷向家庭和企业的流动，美联储积极出手，应对资金和证券化市场的混乱情况，并通过大幅增加对银行的短期融资，为非银行建立新的贷款设施，提供资金支持主要市场的运作。在其他地方，包括加拿大、欧元区和英国，央行推出类似的设施或扩大现有设施，以提高当地货币的流动性。不同国家的设施类型因金融体系的差异而有所不同。在欧元区，银行业在金融中介方面扮演着相当重要的角色，因此欧洲央行专注于增加银行的流动性。同样，英格兰银行通过允许银行将流动性较低的抵押贷款支持证券置换英国国库券且期限长达三年，试图改善银行的流动性。

此次危机的一个教训是，金融市场已经变得如此全球化，央行仅以自己的货币提供流动性已经不够。金融机构可能面临其他货币的流动性短缺。为此，美联储在金融危机期间与 14 个外国央行建立了双边货币互换协议。这些交换安排允许这些中央银行从美联储借入美元给它们辖区内的银行，这有助于改善全球美元融资市场的状况。同样，欧洲央行与欧洲其他几个央行建立了双边互换机制，可以其各自的货币兑换欧元。

作为最后贷款人，中央银行会努力遏制金融动荡；但最近的事件表明，提前预测和化解金融稳定的威胁十分重要，可以事先避免对金融体系和经济造成损害。此次危机尤其说明央行金融监管的一些重要好处，包括：促进监管者与流动性支持提供者之间密切、有效的信息共享，特别是在危机期间；发掘制定货币政策和金融稳定政策方面大量重叠的专业知识能力；信息监管为货币政策收集经济、金融状况的实用价值。对这些益处的认知使中央银行在金融监管方面可以发挥更大的作用。例如，英格兰银行通过建立一个子公司作为审慎监管机构，并在银行内设立一个独立的金融政策委员会，以发现、监督和采取行动减少系统性风险，扩大其对金融稳定监管的权力和责任。在欧元区，新成立的欧洲系统风险委员会由欧洲央行行长担任主席，成员包括所有欧盟国家中央银行行长，各国行长可以借鉴欧洲央行的专业知识，包括欧洲央行的分析成果、统计数据和行政支持。在美国，美联储已经重新调整了其监管活动的范围，以纳入更广泛的系统关注点；它也被赋予了新的金融稳定责任，包括由金融稳定监督委员会指定的具有系统重要性的非银行金融机构的监督，以及对具有系统重要性金融市场设施的新的后备监管职能。

货币政策和金融稳定政策的整合

如前所述，在危机发生之前的几十年里，货币政策已经成为中央银行的主要职能。尽管它们在维护金融稳定方面的作用未被完全忽视，但在一定程度上的确被低估了。金融危机改变了这一切。现在，加强金融稳定和货币政策被视为中央银行的共同平等的两项责任。这两个关键职能应该如何配合呢？

在机构层面，正如我所提出的那样，这两个功能是高度互补的。货币政策、金融监管和最后贷款人政策都可以从信息和专业知识的共享中受益。例如，在美联储，宏观经济学家帮助设计银行监管者使用的压力测试方案，而监管者则向预测宏观经济的经济学家们提供有关信贷状况的信息。在FOMC的会议上，成员们会就金融稳定的威胁及其对经济的潜在影响进行深入的讨论。

对未来的一个重要争论是，中央银行应在多大程度上明确区分货币和金融稳定责任，包括为每个目标制定一套单独的政策工具。例如，在整个危机期间，欧洲央行一直保持其“分离原则”，即政策利率的变化朝着实现价格稳定的方向发展，而非常规的流动性和资产负债表措施则集中于解决功能失调的市场问题。当分离的工具致力于分离的目标时，政策会更有效。该想法与经济学家们已知的丁伯根规则所表达的原则相一致。①

在实践中，鉴于金融和经济之间有力的相互作用，宏观经济和金融稳定目标的区别会在一定程度上模糊不清。例如，改善经济前景的货币政策行为也往往会改善金融企业的状况；同样，支持金融机构和金融市场正常运作的行动，也可以通过改善信贷流动和加强货币政策传导，帮助实现中央银行的货币政策目标。然而，关于是否可能将具体的政策工具用于宏观经济和金融稳定不同目标的辩论依然很有价值，它提出了一些重要的实践问题。一个主要例子是，货币政策是否应"倚靠"资产价格或信贷总量的变动来促进金融稳定。在我看来，问题不在于中央银行家是否应忽视可能出现的金融失衡（他们也不应该），而是，应如何"用正确的工具"来处理这种失衡。②

不断发展但远未解决的共识是，货币政策工具经常作为解决可能的金融失衡问题的工具是否过于"尖锐"了；相反，货币政策应仍以宏观经济目标为重点，而使用具有针对性的微观审慎和宏观审慎工具来解决发展中的金融稳定风险问题，例如，过度的信贷增长。审慎工具本质上可以是结构性或周期性的。结构性审慎工具的例子是确保银行业有充足的资本、流动性水平，或增加金融基础设施弹性的措施。周期性审慎工具的例子包括韩国和中国香港地区所规定的贷款—抵押价值比率的不同上限，西班牙采取的银行动态拨备、时间差别保证金比率和折扣规则，以及反周期的资本要求，如同《巴塞尔协议Ⅲ》所规定的那样。原则上，结构性和周期性的审慎工具既可以抑制不平衡的积累，又可以增强金融部门的抵御能力，并通过增加吸收亏损的能力来降低资产价

① 丁伯根规则也指出，如果政策目标的数量超过了工具的数量，那么有些目标可能就无法实现。参见 Jan Tinbergen（1952），《经济政策理论》（阿姆斯特丹：荷兰）。

② 见 Ben S. Bernanke（2002），《资产价格"泡沫和货币政策》，全国商业经济学协会纽约分会，纽约，10 月 15 日，www. federalreserve. gov/boarddocs/speeches/2002/20021015/default. htm 。

格。金融监管的多元化手段，加上对金融体系的适当监控，是防范金融不稳定威胁的第一道防线。但是，这种有针对性的政策在实践中的有效性，尚未得到证实。所以不应排除采取货币政策直接用于支持金融稳定目标的可能性，至少是适度采取。

结论

2008年和2009年的金融危机将在中央银行的理论和实践上留下永久的印记。在货币政策方面，“灵活通胀目标”的基本原则——对中期通货膨胀目标的承诺，对偏离充分就业的灵活反应，以及对沟通和透明度的强调——似乎注定要延续下去。但是，依照中央银行的古老传统，这场危机有力地提醒我们：中央银行维护金融稳定的责任至少与追求宏观经济目标有效运用的货币政策责任一样重要。

不断发展的共识认为，中央银行可以分别使用不同的工具包，以实现其金融稳定和宏观经济的双重目标，尽管这种共识尚属临时性的。当然，这些工具包在今天要比危机之前准备的好多了，必要时可以使用的货币政策工具，包括管理中央银行的资产负债表以及在更大程度上使用关于未来沟通的政策。作为第一道防线，金融稳定政策至少包括一系列微观审慎和宏观审慎工具，既是结构性的，也是周期性变化的，并通过加强对系统稳定性潜在风险的监测和分析予以支持。显然，总结和运用危机中得到的教训还需要一段时间，中央银行的理论家和实践者们已为这些工作做好了准备。

经济复苏与经济政策

伯南克主席

纽约经济俱乐部

纽约，纽约州

2012年11月20日

下午好。我很高兴今天参加纽约经济俱乐部的午餐会。我知道你们中的许多人、朋友或邻居正试图从飓风“桑迪”的影响中逐步摆脱出来。你们知道，我们时刻牵挂着在风暴中受苦的人们。

我今天将重点讨论美国经济复苏步伐缓慢令人失望的原因，以及联邦公开市场委员会（FOMC）为支持美国经济而采取的政策措施。另外，我们将讨论2012年年底之前我们国家面临的重要经济挑战——特别是如何为联邦政府财政长期可持续发展铺平道路，同时，避免影响经济在短期内复苏进程的不利因素。

金融危机和经济衰退的复苏

经济从金融危机和经济衰退中继续复苏，但复苏速度比大约3年前我在这里讲话时联邦公开市场委员会（FOMC）成员和其他许多人希望和预期的要慢很多。事实上，自2009年年中经济衰退以来，实际国内生产总值（GDP）每年平均增长率仅略高于2%。

同样，过去三年就业市场有所改善，但进展缓慢。失业率在2009年秋季达到顶峰，约10%。此后下降了2个百分点，略低于8%。失业率下降显然是受欢迎的，但经历了很长的过程才达到这个水平。目前，失业率仍然远高于经济衰退前的水平，也高于我和我的同事认为的经济完全恢复后可以达到的水平。而且，就业市场的许多其他特征，包括长期失业率达到历史高点，大批人员因找不到全职工作而不得不做兼职，劳动力参与率下降等，说明在劳动力市场恢复健康之前，还有较长的路要走。

与此同时，通胀率仍普遍低迷。通货膨胀近年来因原油和其他全球贸易商品价格的波动而波动，包括今年夏季干旱带来的农产品价格上涨。但由于长期通胀预期保持稳定，大宗商品价格的下跌和变化对通胀只有短暂的影响。事实上，自三年前开始复苏以来，以个人消费支出（PCE）价格指数衡量的消费者价格通胀水平平均约为2%，而这正是FOMC长期的通货膨胀目标。① 由于在劳动力市场和产品市场的持续疲软，会继续抑制工资和价格的上涨，而且随着公众对通胀预期持续稳定，未来几年的通货膨胀率可能会接近或略低于FOMC的目标。

作为货币政策决策的背景，美联储付出了很大的努力来试图理解经济复苏不够强劲的原因。一些文献对以前金融危机的研究提供了有益的帮助②。这些文献发现，严重的金融危机——特别是那些与住房泡沫破灭有关的危机——常常会伴随着随后多年的经济表现不佳。虽然这个结果有多种解释，但是一种可能是金融危机或伴随着这些危机的深度衰退，至少在一段时间内会降低经济的潜在增长率。

越来越多的证据显示，过去几年的金融危机和经济衰退已经降低了

---

① 不包括食品和能源在内的通货膨胀率在这段时期平均略低一些，约为1.5%。

② 见Carmen M. Reinhart和Kenneth S. Rogoff（2009），“这个时代不同：金融愚蠢的八个世纪”（普林斯顿：普林斯顿大学出版社）；Moritz Schularick和Alan M. Taylor（2012），“信贷动荡货币政策，杠杆周期和金融危机（1870—2008年）”，《美国经济评论》第一卷，102（4月），第1029－1061页；Valerie Cerra和Sweta Chaman Saxena（2008），“增长动力：经济复苏的神话”，《美国经济评论》，第一卷，98（3月），第439－457页；格雷格·霍华德，罗伯特·马丁和贝丝·安妮·威尔逊（Beth Anne Wilson）（2011年）：“银行业和金融危机的复苏真的如此不同？《国际金融讨论文件》，1037（华盛顿：联邦储备系统理事会，11月），www.federalreserve.gov/pubs/ifdp/2011/1037/default.htm；Michael D. Bordo和Joseph G. Haubrich（2012年），“深度衰退，快速恢复和金融危机：来自美国记录的证据”，第12－14号工作文件（克利夫兰：克利夫兰联邦储备银行，6月），www.clevelandfed.org/research/research_ publication.cfm?id=35。

我们经济的潜在增长率。特别是潜在产出增长放缓有助于解释，为什么在经济复苏期间面对相对小幅的产出增长，失业率却在下降。一般而言，为了创造足够的就业机会吸纳新进入市场的劳动力，产出增长必须大约与其长期趋势一致；而为了减少失业率，则通常需要“快于趋势增长”的增长。事实是，尽管经济增长率在2%左右（该产出增长率比危机前约2.5%的增长率低），但近年来失业率已经下降。①

金融危机可通过多种渠道减缓经济潜在增长速度。例如，危机之后失业特别严重，特别是在与住房相关的行业里，可能会加剧工作机会与失业人员的技能和居住地点之间的失配程度。与此同时，长期较高的失业率会导致部分劳动者技能和其他劳动力元素的丧失。这些因素可能在一定程度上推高了所谓的自然失业率（即在正常条件下可以维持的失业率），也减少了劳动力参与程度。生产率提高的速度——潜在产出增长的另一个关键决定因素——也可能受到危机的限制，因为在经济衰退期间企业投资大幅下滑；而风险规避、不确定性的增加以及信贷紧缩等因素会阻碍新技术的商业应用，同时减缓创业企业的形成速度。

然而，重要的是，近年来美国潜在产出增速比预期要慢，这种放缓似乎是对经济复苏步伐令人失望的部分解释。尤其是，尽管自然失业率可能有所上升，但各种证据表明，这种增长幅度不大，劳动力市场仍表现不佳。例如，就业增长缓慢在全国各个行业和地区普遍存在。这种现象说明，需求在很大范围内出现了问题，而不仅仅是现有工作与工人之间的不匹配，因为显著的不匹配意味着某些地区和行业对工人的需求会

---

① 也就是说，国内生产总值增长超过潜力可能不是失业率下降的全部解释。经济复苏期间失业率的下降也可能是对经济衰退最严重的时期出现的失业率剧烈上升的矫正，当时公司似乎削减的劳动力的数量超出通常与GDP下降相关的失业［有关讨论，请参阅本·伯南克（Ben S. Bernanke，2012），“劳动力市场的近期发展”，弗吉尼亚州阿灵顿国家商业经济协会第28届年度经济政策会议上发表的演讲，3月26日，www.federalreserve.gov/newsevents/speech/bernanke20120326a.htm］。接受延长或紧急失业保险金的人数减少也可能导致失业率下降。

很强劲，而不是全面的需求疲软。同样，如果工作机会和工人失配是主要问题，那么可以预计在那些劳动力需求旺盛的地区和行业，工资上升的压力会加大。实际上，大部分行业和部分地区的工资收入相当低迷。①如前所述，FOMC 的同事们的共识是：失业率仍然远高于长期的可持续水平，大概高出了 2 到 2.5 个百分点左右②。

下一个关键的问题是，为什么在经济复苏开始三年之后，就业市场的严重疲软依旧如初。进一步讨论后一个可能的解释是：经济面临着各种不利的阻力，阻碍了本来可能会更强劲的周期性反弹。如果确实如此，我们未来可能会得益于 GDP 增长的两个来源，即：第一，随着经济持续愈合，危机对潜在产出的影响会减弱。③第二，如果“逆风”开始消散，正如我预期的那样，经济增长会进一步提高，因为许多目前失业或退出劳动力市场的人找到了工作。

影响复苏的逆风

有哪些阻力阻碍着我们经济恢复到充分就业呢？有些来自房地产行业。以往复苏往往伴随着地产市场的强劲反弹，而收入和信心的提高，

---

① 另外，职位空缺与失业之间的关系变化——贝弗里奇曲线的转变——可能意味着将工作与工人相匹配的困难更大，除了不匹配之外的其他因素可能会部分解释这种转变。例如，有证据表明，当招聘需求不紧迫时，企业往往会更加有选择地招聘。关于这些劳动力市场问题的进一步讨论，请参见注释 3 中的伯南克（Bernanke）的“近期发展”（*Recent Developments*）以及其中引用的参考文献。另见 Edward P. Lazear 和 James R. Spletzer（2012 年），“美国劳动力市场：现状还是新常态?”见在堪萨斯联邦储备银行赞助的研讨会上发表的《不断变化的政策前景》文集，该会议于 8 月 30 日至 9 月 1 日在杰克逊霍尔举行，www. kansascityfed. org/publicat/sympos/2012/el - js. pdf 。

② 在 2012 年 9 月的经济预测总结（SEP）中，FOMC 参与者对长期正常失业率的集中趋势估计在 5.2% 至 6% 之间。SEP 是联邦公开市场委员会（FOMC）会议纪要的附录，在联邦储备系统理事会（2012）“2012 年 9 月 12 日至 13 日联邦公开市场委员会会议纪要”中公布，10 月 4 日，www. federalreserve. gov/newsevents/press/monetary/20121004a. htm。

③ 例如，随着经济增长，劳动力市场中的不匹配问题应该消失，商业投资的进一步增加将有助于加快资本存量的增长，并且改善的经济会使投资者风险下降。

以及抵押贷款利率的下降，导致了对住房需求急剧增加。[①]但是，房地产泡沫及其后果使这一次与以往不同。在过去十年中的头五年，房价和建筑价格上涨到了不可持续的水平，导致了后来的崩溃：从2006年到今年年初，房价在全国范围内几乎下降了近1/3，独栋住宅施工下降了2/3，而建筑工作岗位减少了近1/3。当然，抵押贷款违约事件的大幅增加则直接引发了更为广泛的金融危机。

最近，房地产市场已经出现了一些明显的改善迹象，例如，房屋销售、价格和建筑开工都从今年年初开始上涨。这些迹象令人鼓舞，住宅市场的投资似乎将成为未来几年经济增长和新增就业的一个来源。然而，尽管历史最低的抵押贷款利率和此前房屋价格下跌使得住房价格可以承受，但是一些因素仍然阻止了过去通常发生的那种强劲的房地产市场反弹。值得注意的是，银行在抵押贷款方面仍然保持着严格的条款和条件，即使对于信用程度相对较高的潜在借款人也是如此。[②]贷款人列举了影响他们扩大信贷的若干因素，包括经济进程、房地产市场和监管环境的不确定性。不幸的是，虽然有些收紧抵押贷款的措施是对过去过度行为的适当回调，但“钟摆”摆得太大，限制了住宅市场的复苏步伐。

其他影响住房市场复苏的因素包括，虽然抵押贷款利率低，许多人仍然无法买房。例如，现有的按揭贷款中有约20%的抵押贷款比贷款人的房屋价值高，使他们难以再融资或出售房屋。另外，无论是出售还是“止赎”渠道，仍存在大量的空置房，从而压低了房价，减少了对

---

① 在1975年和1982年经济衰退之后的复苏中，住房建筑业在经济衰退低谷之后的两年直接为GDP增长贡献了约1个百分点；间接影响——通过住房价格对消费者支出或乘数效应的影响——无疑进一步增加了贡献。

② 例如，根据2012年4月的“银行贷款高级贷款官员意见调查”，大约一半的贷方报告说他们“有点不太可能”或者“比2006年少得多”地向FICO评价达到680分和10%首付的借款人发放抵押贷款。完整的调查可在联储董事会网站 www. federalreserve. gov/boarddocs/snloansurvey/201205/default. htm 上查阅。

新建筑的需求。尽管住房市场的这些不利因素已经明显减弱，但参照历史标准，住房市场的复苏仍可能只是温和的。

第二方面的“逆风”源自信用和资本市场的潜在借款人所面临的融资状况。自2008年年末与2009年年初我们的金融体系处于停顿状况之后，全球经济活动大幅收缩，信贷和资本市场遭受重创。尽管世界各国政府和中央银行积极行动，使这些市场稳定并开始恢复，但信贷紧缩和高度的风险规避抑制了美国和其他国家的经济增长。

美国金融市场和金融机构的数据表明，自金融危机以来，我们已经取得了稳步、重大的进展。例如，公司债券和银团贷款的信用利差已大幅收窄，而股价的损失则已大部分恢复。另外，市场压力和非流动性指标——例如短期融资市场的利差——已基本回到危机前的水平。我们衡量金融市场整体改善情况的一个指标是，芝加哥联邦储备银行维护的国家金融状况指数。该指数显示，整体来看，目前的金融状况与2007年春的情况大致相仿。

尽管有广泛的改善，金融危机所造成的危害还未在金融领域的重要部分得到全面修复。例如，部分银行贷款业务持续疲软。过去几年，银行的资本状况和整体资产质量大幅提高；并且，随着时间的推移，银行资产负债表的改善将使银行向“银行依赖型”借款人提供更多的信贷。事实上，一些种类的银行信贷，例如商业贷款和工业贷款，近几个季度都有显著增长。尽管如此，银行在向广大消费者和一些企业提供贷款方面仍采取保守的态度，贷款限制可能超出了我前面提到的抵押贷款限制。银行贷款谨慎的态度说明，除其他因素外，它们希望继续防范经济进一步疲软的风险。

目前的一个主要风险——也是过去几年来一个主要的“逆风”来源——是欧洲的财政和金融形势。当然，这种情况在2009年美国经济开始复苏的时候并没有被人们预料到。欧洲经济压力的上升以及解决欧洲问题的不确定性，增加了美国金融机构、企业和家庭在进行贷款和投资决策时必须考虑的风险。对欧洲的负面情绪似乎已经打压了美国的股票价格，并阻止了美国信贷利差进一步缩小。欧洲和世界其他地方疲弱的经济状况也打压了美国的出口和企业盈利。

欧洲的政策制定者们最近采取了一些重要的步骤，这些做法有助于创造可喜的宽松金融环境。尤其是，欧洲央行新的“直接货币交易”计划（可以根据该计划购买满足规定条件的“脆弱”欧元区国家主权债务）有助于缓解市场对这些国家的担忧。欧洲各国政府也已采取措施，加强金融防火墙，朝着更大的财政和银行业联盟迈进。全球金融状况的进一步改善将部分取决于欧洲决策者落实这些举措的程度。

经济复苏的第三个逆风——且未来几个季度可能会加剧——是美国的财政政策。尽管在经济衰退和经济复苏初期，联邦层次的财政政策积极扩张，但随着经济复苏的推进，联邦的积极财政措施为经济所提供的支持越来越被州和地方政府预算紧缩的不利影响抵消。为了应对税收大幅持续下滑，自 2008 年第三季度以来，州和地方政府总共净减少了约 60 万个工作岗位，同时将基础设施项目的实际支出减少了 20%。

最近，形势有所改变：随着收入的提高，州和地方财政政策对经济增长的拖累有所减缓，减轻了进一步削减开支或增加税收的压力。相比之下，逐步消失的前期刺激计划和减少联邦预算赤字的政策，使得联邦财政政策开始抑制 GDP 的增长。的确，在几乎任何可能的情况下，明年联邦财政政策对国内生产总值增长的拖累将超过州和地方财政扩张对经济增长的正面影响。然而，联邦财政政策对经济的近期和长期总体影响相当不确定，仍取决于决策者如何应对两个艰巨的财政挑战——一个将发生在新年伊始，另一个不迟于明年春天。

即将到来的财政挑战

这些即将到来的挑战是什么？第一，国会和行政当局将需要保护经济免受明年年初依照现行法律将面临的严重财政紧缩的冲击，即所谓财政悬崖。如果没有抵消效果的话，构成财政悬崖的这些自动增税和削减支出效果，将会对经济复苏构成实质性威胁——实际上，国会预算办公室（CBO）和许多外部观察家认为，如此规模的财政冲击会使经济重新陷入衰退。第二，在明年的早些时候，有必要批准增加联邦债券的上限，以避免国债和其他债务的灾难性违约。大家还记得，2011 年夏天的违约威胁点燃了市场心目中经济不确定性，并且严重挫伤了市场信心，尽管最终达成了协议。这次如果无法及时达成类似协议，可能会带来更严重的经济和金融代价。

财政政策决策者面临这些重大决策时，应该牢记两个目标。首先，正如目前已为大家广泛接受的，联邦预算目前是不可持续的。预算赤字 2009 年达到国内生产总值的 10% 左右，目前约占国内生产总值的 7%。随着经济持续复苏，未来几年预计该比例将进一步缩小。然而，CBO 预测，假设当时的经济已经恢复到其潜在的水平，根据一系列可能的政策假设，预算赤字在 2018 年仍将高于 GDP 的 4%。而且，根据 CBO 预测，赤字和联邦债务占 GDP 的比例随后将回升①。当然，我们都应该明白，长期不断增长的赤字预测永远不会发生，因为贷款方继续为政府提供资金的意愿，只有在政府财政计划和措施负责任的前提下才会得以维持。因此，把联邦财政政策放入一个稳定轨道——例如，联邦债务对 GDP 的比率最终稳定或有所下降——和可靠框架非常必要且紧迫，目的是确保经济长期增长和稳定。

即使财政政策制定者们需要解决长期财政可持续性这一迫切问题，但不应忽视另一个关键目标：避免不必要地增加已经阻碍经济复苏的“逆风”。幸运的是，这两个目标完全相辅相成。防止明年年初财政政

① 这一预测是今年 8 月份 CBO 报告中的财政情景。见国会预算办公室（2012），“预算与经济展望：2012—2020 财年”（华盛顿：CBO，8 月更新），网址：www.cbo.gov/publication/43539 。

策突然紧缩，将有助于促进经济回到充分就业状态；而改善经济状况反过来会减少赤字，从而有助于实现长期的财政可持续性。同时，一个使联邦预算处于长期可持续轨道上的可信计划，有助于保持较低的长期利率，提高家庭和企业信心，从而支持经济增长。

找到财政政策的解决方案不容易，且风险极高。财政悬崖、债务限额提升和长期预算情况的不确定性，似乎已经影响了私人支出和投资决策，并可能促使金融市场更加谨慎，从而对经济产生负面影响。继续推进艰难的政策选项只会延长和加剧这些不确定性。此外，尽管解决财政悬崖等问题所达成的任何协议细节都是重要的，但市场参与者和普通大众对经济的信心，也将受到我们的政治体系能否提供合理解决方案、尽量减少不确定性与进展缓慢等因素的影响。找到政治上可行的长期解决方案可能需要一些时间，但是，如果决策者愿意创造性地思考、建设性地合作，我们将会有所进展。

货币政策

现在让我谈一下货币政策。

货币政策对扭转金融危机对经济潜在产出水平影响的作用不大。然而，它可以抵消部分阻碍周期性复苏的阻力。众所周知，在金融危机和经济衰退期间，联储采取了强有力的货币宽松措施，把联邦基金利率——货币政策的传统手段——到2008年年底时降到几乎为零。此外，我们通过两个非传统政策工具为长期利率施加额外的下行调控措施，即：通过资产购买减少市场上长期债券的供应，以及就未来货币政策路径与市场进行沟通。

最近，在9月的FOMC会议之后，我们宣布联储将购买额外的机构抵押贷款支持证券（MBS），并继续执行该计划，以延长我们持有的政府债券到期日。[①]这些额外的资产购买可压低长期利率，并使得更广范围的金融条件更加宽松。[②]此外，我们通过采购 MBS，降低抵押贷款利率，会直接影响和支持住房板块，有助于缓解房地产市场面临的不利因素。在宣布这一决定时，我们还表示，我们将继续购买 MBS，继续购买长期证券，并使用其他政策工具，直至我们判断劳动力市场前景在价格稳定的背景下显著改观。

尽管目前评估近期政策行动的全部影响还为时过早，但自 FOMC 宣布以来，公司债券和机构 MBS 的收益率已大幅下降。更一般地说，研究表明，我们以前的资产购买已经放宽了整体的金融环境，并为近年的经济复苏提供了有意义的支持[③]。

除了宣布新的 MBS 购买计划，在 9 月份的会议上，我们宣布延长

---

① 见联邦储备委员会董事会 e 系统（2012），“美联储发布联邦公开市场委员会声明”，新闻稿，9 月 13 日，www. federalreserve. gov/newsevents/press/monetary/20120913a. htm 。

② 我们购买资产的一种影响经济的方式是通过所谓的投资组合平衡通道。由于不同类别的金融资产并不是投资者投资组合中的完美替代品，因此私人投资者可获得的各种资产供应的变化可能会影响这些资产的价格和收益率。例如，美联储购买美国国债就应该提高价格，降低这些证券的收益；此外，由于投资者重新平衡其投资组合，通过用其他资产取代出售给美联储的美国国债，其他资产的价格应该会上涨，收益率也会下降。我们购买资产的增加也可能成为我们打算持续实施比以前更为宽松的政策的信号，从而降低了投资者对联邦基金利率未来走向的预期，并给长期投资者带来更大的下行压力利率。

③ 参见本·伯南克（Ben S. Bernanke，2012），“危机发生以来的货币政策”演讲，发表在“不断变化的政策景观”，发表于 8 月 30 日至 9 月 1 日在 Jackson Hole 举行的由堪萨斯联邦储备银行赞助的研讨会，www. federalreserve. gov/newsevents/speech/bernanke20120831a. htm 。对于显示 FOMC 资产购买效应的模拟结果，请参见 Hess Chung，Jean - Philippe Laforte，David Reifschneider 和 John C. Williams（2012）：“我们低估了零下限事件的可能性和严重性吗？”《货币，信贷和银行业务》第一卷，44（2 月份补编），第 47 - 82 页。对于一项只关注第二个大规模资产购买计划的研究来说，这个计划可以产生类似的效果，因为该计划增加了一个百分点的产出，新增了 700 000 个就业机会，参见 Jeffrey C. Fuhrer 和 Giovanni P. Olivei（2011），“美联储大规模资金购买计划的宏观经济效果估计”，《公共政策简报》11 - 02（波士顿，波士顿联邦储备银行，4 月），www. bos. frb. org/economic/ppb/2011 /ppb112. htm。对于使用不同方法的研究发现的较少效应，请参阅 Michael T. Kiley（2012），“短期和长期利率的总体需求效应”，《金融与经济讨论系列》，2012 - 54（华盛顿，董事会美联储主席，8 月），www. federalreserve. gov/pubs/feds/2012/201254/201254abs. html；对于一个效应较大的国家，见 Christiane Baumeister 和 Luca Benati（2010），“非常规货币政策与大萧条：评估压力对零下界收益率波动的影响”，欧洲中央银行工作报告系列 1258（法兰克福，欧洲中央银行，10 月），www. ecb. int/pub/pdf/scpwps/ecbwp1258. pdf 。

联邦基金利率于极低水平可能至少会延续至2015年中期。把预期低利率时间进一步推向未来，我们并不是说预计经济在2015年年中之前将保持疲弱；相反，正如我们在9月份的声明中所说的那样，在经济复苏后的相当长一段时间内，货币政策将保持高度宽松立场①。换句话说，我们希望确保在政策恢复到以前情况之前，经济确已恢复。我们希望这样的保证减少不确定性，增加家庭和企业的信心，从而为经济增长和创造就业提供额外的支持。

结论

总之，美国经济继续受到金融危机（对潜在产出水平）以及其他阻碍经济周期正常恢复的“逆风”影响。联储正在通过提供宽松的货币政策，促进经济在价格稳定的情况下复苏。不过，正如我以前所说，货币政策虽然可以帮助支持经济复苏，但它绝不是我们经济问题的灵丹妙药。目前，欧洲局势的不确定性，尤其是联邦财政政策前景的不确定性，似乎对家庭和企业的支出决策及财务状况产生不利影响。这种不确定性会因意见不一致和被推迟实施而增加。相比之下，为实现财政透明度的合作和创新——特别是解决国家的长期预算问题，并且不损害经济复苏的计划——将有助于使新的一年成为美国经济很好的一年。

---

① 见董事会附注10，“联邦公开市场委员会声明”。

监测金融体系

伯南克主席

芝加哥联邦储备银行主办的第49届银行结构和竞争年会上的讲话

伊利诺伊州，芝加哥

2013年5月10日

金融危机最激烈的时刻已过去四年多了，但它的影响仍在。经济及因金融崩溃及衰退所导致的失业尚未恢复。而金融体系——尽管在过去四年已愈合许多，但仍被2007至2009年危机所带来的经济、法律和声誉后果所困扰。

危机也引发了金融监管政策和实践的重大转变。自从上世纪30年代“大萧条”以来，我们从未看到在金融监管领域发生如此大的改变，包括美国的《多德—弗兰克华尔街改革和消费者保护法案》（《多德—弗兰克法案》）以及国际上的《巴塞尔Ⅲ协议》和其他一系列举措。尽管新的监管框架仍在建设中，但联储已对其监督管理和促进金融稳定双重职责的构想与执行做出了重大改变。

在今天的讲话中，我将讨论美联储的一个比新架构出台获得关注少很多的领域，即：我们对金融体系的持续监测。当然，美联储一直密切关注金融市场，无论是出于监管的目的还是货币政策的目的。但近年来，我们大大增加了监管资源，采取了系统化、高强度的方式，这些监管由我们的金融稳定政策与研究办公室牵头，并使用了整个联储体系的大量资源。这些监测努力为联储和联邦公开市场委员会（FOMC）的政策制定及我们与其他机构合作提供了大量信息。

监控体系的提升主要是由于我们的金融监督和管理向更宏观审慎或

系统性的方式转变，从而补充了传统微观审慎主要关注单个机构和市场健康的做法。本着这种更加系统的监管精神，《多德—弗兰克法案》创建了由多个联邦和州监管机构负责人组成的金融稳定监管委员会（FSOC）。金融稳定监管委员会促进了金融监管机构之间的更多互动，以及他们对整体金融稳定的共同责任感。委员会成员定期讨论金融稳定的风险，并编写一份年度报告，回顾潜在风险，提出减少风险的建议①。联储广泛的监测工作对促进与其他 FSOC 成员的密切合作起到了关键作用。

关注弱点

持续监测金融体系对于宏观审慎的监管方法至关重要。系统性风险只有在第一次被识别时才能被消除。系统风险事实上是否可以事先可靠地被确定是一个应该关注的问题。毕竟，美联储和经济学家都没有预测到过去的危机。为了回应这一点，我将像其他地方一样区分触发因素和脆弱性之间的关系②。任何危机的触发因素都是触发危机的特殊事件——如果愿意的话，也可称之为最直接的原因。对于 2007 年至 2009 年的危机，次级抵押贷款持有者蒙受损失是一个突出的触发因素。金融体系存在放大和传播最初冲击的特征。与危机有关联的某个脆弱性是危机的一个重要特征，这个特征在危机的最初阶段放大和扩散了相关问题脆弱性的例子包括高杠杆，期限转换，互联性和复杂性，所有这些都有可能放大对金融体系的冲击。如果金融体系本身不具有脆弱性，触发性事件可能会给某些公司、投资者或资产类别带来巨大的损失，但通常不会

---

① 最新报告见《美国财政部金融稳定监督委员会 2013 年度报告》，华盛顿：财政部。

② 见本·伯南克（2010），“近期金融和经济危机的起因”，金融危机调查委员会 9 月 2 日在华盛顿的证词，本·伯南克（2012），“对金融的反思：对危机的看法”的演讲，发表于由罗素·塞奇基金会和纽约世纪基金会主办的题为“对危机和政策反应的一些反思”的研讨会，4 月 13 日。

导致全面的金融危机。例如，次级抵押贷款市场发生了相对较小的崩溃，但假如证券化市场和短期融资市场中存在的脆弱性不大，这将极大地限制其冲击力。当然，监控可以而且确实应该找出潜在的触发因素（例如资产泡沫的迹象），但是这种或那种冲击是不可避免的，所以识别和漏洞修补是确保整个金融系统稳健的前提。此外，解决脆弱性的手段还可以通过更广泛的措施加以补充。例如，要求银行持有更多的资本和流动性，从而使系统更能适应各种冲击。

另外两个相关点也促使我们需要增强监测。第一，金融体系是动态的，不仅是由于创新和经济需求的变化，而且还因为金融活动往往会从监管更严格的行业向受监管较少的行业转移。《多德—弗兰克法案》的一个创新特点在于，它允许监管体系至少在某些情况下适应这种不断变化的机制。例如，该法赋予金融稳定监督委员会（FSOC）权力来划定一些具有系统重要性的机构、公用事业机构和经济活动，并进行额外的监督。这种划定本质上是判断一个机构或活动是否造成或加剧了金融体系的脆弱性，这个决定只能通过全面的监测和分析才能做出。更密集监测的第二个动机是，金融市场参与者在长期宏观条件相对稳定时，蕴含的风险更大。的确，长期的经济稳定可能是一把双刃剑。可以肯定的是，有利的总体环境降低了信用风险，加强了资产负债表的平衡，但也可能降低市场参与者采取合理预防措施的积极性，从而导致金融脆弱性的增加。在长时间相对平静的期间，我们对自满情绪最好的防御措施可能就是仔细地监测新出现的脆弱性的迹象，并酌情制定可用于解决这些问题的宏观审慎政策和其他政策工具。

美联储的金融稳定监测计划

那么，美联储在监测什么呢？在下面，我将重点讨论金融体系的四个组成部分，这四个组成部分是：系统重要性金融机构（SIFIs），影子银行，资产市场和非金融部门[①]。

系统重要性金融机构

金融机构是金融类公司，它们的危机或失败有可能造成更广泛的金融不稳定，足以对实体经济造成重大损害。系统重要性金融公司（SIFIs）往往很大，但规模并不是决定企业是否具有系统重要性的唯一因素；其他因素包括公司与其他金融系统的相互关系，业务的复杂性和不透明性，其冒险的性质和程度，杠杆的使用，对短期批发资金的依赖以及跨境业务。根据《多德—弗兰克法案》，最大的银行控股公司被视为SIFIs；此外，正如我所提到的，这个法案赋予FSOC有权指定个别非银行金融公司具有系统重要性。这个指定过程还在进行。

《多德—弗兰克法案》还建立了一个框架，使SIFIs受到全面的监督，并加强了审慎的标准。对于所有的这些公司，美联储将获得保密的监管信息，并将监测标准指标，如资本、杠杆率和融资组合。然而，这些指标中的一些（比如监管资本比率）往往是滞后的，因此在企业状况出现突然迅速的变化时，可能会很晚才发现。因此，我们用其他类型的指标来补充更多的信息。

一个有价值的补充信息来源是压力测试。定期、全面的压力测试是美联储监管工具包越来越重要的组成部分。自2009年以来，它一直被用于我们对大型银行控股公司的评估。[②]为了进行压力测试，监管机构首先构建一个假设情景以及相应的金融市场变动状况——例如，经济严

---

① 我后面很大程度上借助于Tobias Adrian，Daniel Covitz和Nellie Liang的“金融稳定性监测”一文，2013年4月。本文提供了美联储金融稳定性监测计划的更多细节。我感谢作者对这些评论的协助。

② 伯南克的名为“压力测试银行：我们学到了什么？”的讲话讨论了美联储的压力测试计划。2013年4月8日至10日在佐治亚州的石山举行的亚特兰大联邦储备银行主办的金融市场会议上，伯南克发表了题为“维护金融稳定，抓住老虎的尾巴”的演讲。监管人员在2009年之前使用了更有限的压力测试形式。

重衰退、住房和其他资产价格大幅下滑等。被测企业及其管理者在假设情景下独立估计企业的预计亏损、收入和资本，并公开披露。这对公司的压力后资本水平、风险分析和资本需求的能力都进行了评估。

与更为标准的资本充足率评估方法相比，压力测试提供了许多优势。首先，以压力测试为基础的资本测算方法既具有前瞻性，又对“尾部风险”检测更有力——也就是说，包括了最有可能造成广泛的基础性金融不稳定状况以及相关的极其不利的事态发展。其次，由于联储同时对其监督的主要机构进行压力测试，因此可以将结果用于跨企业的比较分析，并判断主要金融机构对某些类型的冲击的集体敏感性。事实上，大型金融机构的比较评估已经成为可能，成为美联储更为普遍的监督工具箱的一个越来越重要的组成部分。最后，压力测试结果的披露增加了投资者在危机中的信心，也可以在正常时期加强市场纪律。因此，压力测试提供了关键金融机构的重要信息，同时也迫使企业提高监测和管理风险敞口的能力。

压力测试技术还可用于更有针对性地评估银行业对特定风险在主要情况下的脆弱性，例如，流动性风险或利率风险。像综合压力测试一样，这种重点练习是我们监督 SIFIs 的重要手段。例如，监管机构正在收集关于流动性的详细数据，帮助它们比较公司对各类资金压力的敏感度，并评估公司管理流动性的策略。监管者也正在与各家公司合作，评估其在各种压力利率情况下的盈利能力和资本运营。

联储工作人员补充了监督和压力测试等措施。例如，虽然监管机构长期以来一直认识到以市场为基础的指标在评估具有系统重要性公司（也包括其他上市公司）的价值，但我们目前新的监督方案仍比以往更大程度地利用了市场信息。因此，除了标准指标（如股票价格和信用违约互换的价格）之外，我们还使用基于市场的最近研究得出的系统稳定性指标。这些指标利用资产价格的相关性，在更广泛的金融市场受到压力时，捕捉市场对金融体系不稳定潜力的看法。其他指标估计了公司对系统中其他地方发生波动的脆弱性①。系统脆弱性和系统性风险的市场化测量是一个活跃的研究领域。

网络分析也是蓬勃发展的一个有前途工具，并有可能帮助我们更好地监测金融机构和市场之间的相互关系。相互关联性可能源自资产共同持有或公司交易对手的风险传递。网络分析依靠工程、通信和神经科学中使用的概念来映射金融公司和市场活动之间的联系，目标是确定可能使系统不稳定的关键节点或集群，并模拟公司突然受到冲击，如何通过网络传播和扩大。这些工具也可以用来分析网络结构变化的系统稳定性影响。例如，保证金规则会影响企业对交易对手状况的敏感度，因此会影响通过公司和市场进行金融传染的可能性。

影子银行

影子银行是我们密切关注的第二个领域，这是危机期间不稳定性的重要来源。影子银行包括各种市场和机构，它们在传统受监管的银行系统之外提供融资中介服务。影子银行业务包括信贷中介、期限转换、流动性提供和风险分担。这些机构通常依靠批发金融业务获得短期融资。在危机之前，影子银行业存在高度的期限转换问题和杠杆率问题。它们对居民和企业的非流动性贷款进行了证券化。最高信用评级的证券化资

---

① 例如，有条件的风险价值考察市场总体状况非常不利时公司股权价值以及更大范围的股权价值相互变化的情形，提供对公司的系统重要性的估计。见 Tobias Adrian 和 Markus K. Brunnermeier（2008；2011 年 9 月修订），“CoVaR（PDF)”，《职员报告 348》（纽约：纽约联邦储备银行，9 月）。不良保费信息来自企业的信用违约掉期利差和股票价格，以此衡量给定企业在宏观金融市场出现困境保险的隐含保险成本——亦即一个公司不稳定性的脆弱性指标；见黄欣，周浩，朱海滨（2009)，“重大金融机构系统性风险评估框架”，《银行金融学报》，第一卷，33（11 月），第 2036 - 2049 页。利用公司股票价格、杠杆率和波动率来衡量公司在金融市场出现系统性风险的情况下出现资本不足的可能性；纽约大学，伦纳德·斯特恩商学院，5 月份，未发表论文，参见 Viral V. Acharya，Lasse H. Pedersen，Thomas Philippon 和 Matthew Richardson（2010)，“测量系统性风险”。

产的资金来源由资产支持商业票据和回购协议（回购）等极短期债务来提供。短期资金又由货币市场基金等机构提供，而投资者预期会得到全额支付，对本金风险灭失的容忍度很低。

最终的投资者并不完全了解他们融资的资产。投资者被AAA信用评级和融资机构的预期支持所驱动——这种支持实际上是可以提供也可以不提供的，即这种支持不是一定会得到保证的。当投资者对资产质量或提供预期支持的机构失去信心时，他们就会撤离。他们的撤离在整个金融体系中造成了严重的资金压力，威胁到许多公司的偿付能力，并给整个经济造成了严重的损失。

证券经纪商在影子银行的许多方面扮演着市场中介促进者的核心角色。为了让自己及客户购买证券，经纪商经常倾向于依靠短期抵押资金，这种资金一般是指极度风险厌恶的贷款人持有的回购协议。危机显示，贷款人往往没有分析短期担保贷款抵押品或交易对手风险的能力，并倾向于将这些交易视为无风险，因此这笔资金可能相当脆弱。随着担保的性质和价值出现问题，忧心种种的贷款人要么大幅增加保证金要求，要么更普遍地完全撤回。借款人无力履行保证金要求，其融资持有资产被迫出售，进一步压低资产价格，引发去杠杆化和进一步的资产清算循环。

为了监测经纪商中介，2010年美联储创建了每季度的资深信用主管对经销商融资条款的意见调查制度，要求经销商提供他们提供的信贷条款备查①。根据对商业银行的《银行贷款行为守则》建立的长期资深信贷官员意见调查，对市场条款进行调查，包括证券融资、大宗经纪和衍生品交易等②。信贷官员调查旨在监测投资者（尤其是通过流动性较差的抵押品支持的贷款）大量使用杠杆或不断增加期限转化融资可能

① 美国联邦储备委员会网站上提供关于交易商融资条款的高级信贷官员意见调查。

② 关于银行贷款业务的高级贷款官员意见调查方可在美国联邦储备委员会的网站上找到。

带来的潜在脆弱性。在金融危机之前，我们对这些趋势信息的掌握非常有限。

我们还有其他潜在的影子银行信息来源。财政部金融研究办公室和美联储工作人员正在合作建立关于三方和双边回购交易的数据库，这将有助于制定更好的回购活动监测指标，并提高这些市场的透明度。我们还定期与市场参与者讨论发展动态，特别关注创新的金融工具，促进监管之外的产品期限转换，为流动性较差的资产提供资金，或者将风险从更易衡量的形式转换为比较不透明的形式。

一个公平的总结是，尽管影子银行业规模比危机前小，而其中一些最不稳定的组成部分已经消失或者已经被改革，但是监管机构和私营部门还需要解决剩余的脆弱性问题。例如，尽管美国证券交易委员会（SEC）2010 年进行的改革加强了货币市场基金，但这些基金仍然有挤兑的可能，例如当基金低于净值时，或者如同 2008 年联储主要基金那样报告净资产值低于 99.5 美分时，由于财政部不再有权对投资者持有货币基金担保，而这是制止 2008 年挤兑至关重要的手段。2012 年 11 月，FSOC 提出了一些货币基金改革的替代方案。美国证券交易委员会目前正在考虑这些方案及其他可能的步骤。

就三方回购平台而言，在日常结算过程中已经减少了结算银行的日常信用额度，而且，随着其他手段的推出，到 2014 年年底，这种信贷应基本上被淘汰。然而，短期批发融资市场仍然存在重大风险。其中一个主要风险，是该市场体系如何应对一个经纪商或其他主要借款人的失败。《多德—弗兰克法案》为应对这一漏洞提供了重要的解决脆弱性问题的额外工具，有助于有序解决可能导致系统性风险的重要经纪商或经纪商控股公司一旦失败所带来的问题。正如 FSOC 最近的年度报告中所强调的那样，我们需要做更多的工作以更好地为投资者和其他市场参与者对回购市场上大型的市场参与者违约的潜在后果做好准备。[①]

资产市场

资产市场是我们密切关注的第三个领域。我们关注各种资产市场的发展，包括公共部门和私人部门的固定收益工具，以及公司股票、房地产、商品和结构性信贷产品等。另外，国外市场和国内市场也都受到高度关注，还包括涉及其中的全球关联性问题，例如欧洲目前的财政和银行问题对美国市场的影响。

当然，我们也试图找到估值的不寻常情况，例如，股票市场中历史高点或低点市盈率。我们使用各种模型和方法。例如，我们使用违约风险和风险溢价的经验模型来分析公司债券市场的信用利差。这些评估得到其他信息的补充，包括交易数量、流动性和市场功能以及其他市场参与者和外部分析师收集的情报。针对当前低利率环境，我们特别关注“极致收益”等其他形式的过度冒险行为，这些行为可能会影响资产价格及其与基本面的关系。值得强调的是，即使你认为资产市场在设定价格方面通常是有效率的，在历史上寻找不寻常的资产价格情况或关系也是十分有用的。为了维护金融稳定，我们不太关心某个平均意义的资产价格是否合理，而更关心价格快速波动的可能性。脱离历史正常水平的资产价格似乎更易于受到这种不稳定因素的影响。

然而，从金融稳定的角度来看，资产价值评估只是分析的第一步。还应考虑诸如资产持有人使用的杠杆率、期限错配程度、资产流动性以及资产价值对广泛金融状况变化的敏感度等因素。这些因素的差异有助于解释为什么 2000 年和 2001 年股票市场的调整未导致广泛的系统性破坏，而 2007 至 2009 年危机期间房价和抵押贷款的崩溃却产生了更为深

① 参见财务稳定监督委员会 2013 年年报注释 1。

远的影响，即2000年和2001年股市下跌导致的损失广泛且分散，而抵押贷款损失则集中在金融系统的关键部分，并通过各种金融工具加以放大，最终导致恐慌、资产甩卖和信贷市场的崩溃。

非金融部门

我们的金融稳定监测延伸到非金融部门，包括家庭和企业。研究发现，私人非金融部门信贷和杠杆率的过度增长是系统性风险的潜在风向指标[①]。高度杠杆化或财务脆弱的家庭和企业不能承受收入或财富方面的不利变化，包括因恶化的金融和信贷市场情况而带来的不利变化。高度杠杆化的经济也更容易出现所谓的金融加速器效应，就像面临财务压力的企业被迫裁员，缺乏财务储备的下岗员工则大幅度削减自己的开支。非金融部门的金融压力——例如，抵押贷款或企业债务违约率升高——也会损害金融机构，造成潜在的不良反馈回应，因为这会减少信贷的可用性，并通过削减资产以节约资本，从而进一步减弱家庭和企业的财务状况。

非金融部门的脆弱性可以通过股票指标（如财富数量和杠杆状况）和流动指标（如债务与收入的比率）来获得。全行业的数据来自多个来源，重要的是美联储的资金流动账户，这是一套综合性的金融账户，用于衡量主要部门的资金来源、用途以及整个经济[②]。这些账户使我们能够追踪从来源（如银行或批发融资市场）到接收它的家庭和企业的信贷流动状况。

美联储现在还监控消费者和企业的详细数据，以抓住借贷市场的变

---

① 例如，见 Mathias Drehmann，Claudio Borio 和 Kostas Tsatsaronis（2011），“锚定反周期资本缓冲器：信贷集合的作用”，《国际中央银行学报》第一卷，7（12月），第189－240页；和 Rochelle M. Edge 和 Ralf R. Meisenzahl（2011），“实时信贷与GDP比率的不可靠性：对反周期资本缓冲的启示”，《国际中央银行学报》第一卷，7（12月），第261－298页。

② 资金流量数据可在联邦储备委员会的网站上找到。

化，并跟踪那些最容易受到市场周期性下滑或财富逆转影响的家庭和企业的财务状况。例如，在住房市场繁荣期间，总量数据准确地显示了住房抵押贷款借贷增长速度过快，但无法揭示这些贷款发放的普遍恶化，这意味着该活动的潜在信用风险大幅增加①。最近，家庭净资产增长集中在较富裕的家庭，而收入分布在中下层的许多家庭自危机以来财富却出现下滑。此外，许多房主仍处于“潜水”之中，其房屋价值低于抵押贷款的本金余额。因此，更详细的资料说明，许多家庭比总体统计资料显示得更加脆弱。

结论

最后，让我重申，对单个金融机构的有效管理和监督对于确保金融体系良好运作至关重要，美联储正在朝着更加系统化的方向发展，即同时密切关注整个金融体系的脆弱性。为此，我们正在扩大研究和数据收集，并推行一个积极的金融监督计划，而且这些活动通常是与其他美国金融监管机构一起进行的。我们强化后的监督和分析已经为董事会和联邦公开市场委员会以及更广泛的监管机构提供了重要的信息。我们将继续致力于提高我们监测和解决金融体系漏洞的能力。

① 见 Matthew J. Eichner，Donald L. Kohn 和 Michael G. Palumbo（2010 年）：“美国和危机的金融统计：他们得到了什么，他们错过了什么，他们应该怎么改变?”《2010—财政金融和经济讨论系列》（华盛顿：联邦储备系统理事会）。

第三部分

耶伦：金融监管的“守门人”

耶伦：金融监管的“守门人”

珍妮特·耶伦（Janet Yellen），1946年出生于纽约州布鲁克林一个医生家庭。她毕业于布朗大学与耶鲁大学，获经济学硕士与博士学位。博士毕业后，她曾长期担任美国加州大学伯克利分校商学院的教授，直至1994年，任美联储委员。1997年，耶伦被克林顿任命为经济顾问委员会主席。2010年4月，耶伦被奥巴马总统提名为美联储副主席。2014年2月至2018年2月，耶伦担任美联储主席，是美联储历史上第一位女性主席，也是自20世纪80年代沃尔克之后的首位民主党背景的美联储主席。尽管业界对耶伦在经济复苏与降低失业率方面的成就评价颇高，但其依然成为近几届首位未连任的联储主席。耶伦的丈夫乔治·阿克洛夫也是加州大学伯克利分校的经济学教授。2001年，他因不对称信息理论的特殊贡献荣获诺贝尔经济学奖。

耶伦素以其对经济形势的准确判断与真知灼见而著称。她是美联储中少数几个在金融危机爆发前，将房价称作危险“泡沫”的人之一。2008年，她也是第一个表达美国经济已进入“衰退”期的美联储官员。2014年，超过500名顶尖经济学家联名致信奥巴马总统，表示支持耶伦，认为她将让美国的金融系统更安全。耶伦不负众望，带领美国经济度过了平稳的四年。

本书选择的第一篇耶伦的文章是她2014年5月在美国华盛顿商会发表的《小企业与复苏》。耶伦因在降低失业率、促进就业的贡献而广受好评。这篇文章虽短，但体现了她关心就业及民众的风格。她指出，危机复苏过程的“关键是创造就业”，而“小企业承担了这些新工作的很大一部分”，“从2010年来，超过一半的工作都是雇员少于250人的公司创造的，其中大部分的公司雇员甚至少于50人”。

2014年7月，耶伦在国际货币基金组织发表了题为《货币政策与金融稳定》的演讲。她认为，“货币政策作为金融稳定的工具面临很大的局限性”，而“宏观审慎的监管方法需要发挥主要作用”。她通过回顾危机前美国经济的脆弱性以及国际经验，证明了“清晰的宏观审慎政策的必要性”。她总结了旨在使金融系统更好地抵御意外负面金融状况的“弹性”的“宏观审慎”工具，包括加强对银行资本的管理要求（尤其是具有系统重要性机构的额外要求），强化银行压力测试和全面资本审查过程，以及对过度依赖于短期批发融资行为的监管等。

2014年11月，在法国银行的研讨会上，耶伦发表了关于“开创宏观经济政策组合”的演讲。她认为，在经济复苏的过程中，“政府开始撤出财政刺激政策”，甚至“财政政策成为经济增长的净拖累”。因此，“货币政策首当其冲地支撑了经济”。而由于“政策利率达到或接近零”，中央银行转向“非常规”、“大规模资产购买”与“未来政策利率”的“前瞻性指导”。她总结的经验教训是：①各国政府需要“应对长期挑战，并在良好的时期大幅度改善结构性财政平衡，以便在时机变糟时有更多的财政空间提供刺激”。②中央银行需准备好利用“非常规政策在内的所有可用工具来支持经济增长并实现通货膨胀目标”。③要“在有效的监管和监督支持下，建立一个健全而有弹性的金融部门”。

2015年3月，在纽约市民预算委员会上，耶伦就炙手可热的大型机构监管问题，发表了题为《加强对大型金融机构的监管》的演讲。她指出，“在相当程度上，大型复杂的金融机构是危机的中心”，大型机构是“导致危机的过度冒险的主要原因”。她定义了“系统重要性”的公司，即那些“财务危机会对金融稳定构成重大风险的公司”，并介绍了美联储对大型公司监管的五项重要变革，包括：①对系统重要性公司的资本应有更高的要求；②大型机构被要求大幅增加流动性；③大型公司需要证明可在压力情况下安全地运行，即压力测试；④根据《多德—弗兰克法案》，允许大公司以有序的方式管理失败，并减少“失败会威胁到金融稳定的机会”；⑤美联储被赋予了“更为明确的保障金融稳定的责任”。

2016 年 8 月，耶伦在堪萨斯城联储研讨会上，发表了《美联储货币政策工具包：过去、现在和未来》的讲话。她指出，为了应对危机，美联储大幅度“扩大了货币政策工具包”，包括：“支付银行储备余额利息的计划”提前于 2008 年 10 月生效；符合条件的交易对手方可以隔夜投资于联储，FOMC 通过确定该利率从而对短期利率施加影响；大规模资产购买；明确的前瞻性指导；等等。就未来而言，她表示未来的决策者可能希望“探索更多类别资产购买的可能性”，甚至“一些观察人士建议提高 FOMC 的 2% 通胀目标”，但这些都只是在探索阶段。总体而言，她认为“在大多数情况下，货币政策将能够有效应对”。

2016 年 10 月，耶伦在波士顿联储的年会上发表了题为《危机后的宏观经济研究》的演讲。作为经济学家出身的美联储主席，耶伦的这篇文章对宏观经济学研究及指导经济管理实践具有重要意义。她总结了金融危机提出的五个重要经济学问题，即：①“总需求的变化是否会对总供给产生明显且持续的影响?”②“广泛经济群体中的个体差异是否会影响总体经济结果，尤其是，这种异质性对总需求有什么影响?”③“金融部门如何与更广泛的实体经济互动?”④“货币政策的核心：什么决定了通胀?”⑤“美国货币政策对其他国家财政和经济状况的影响，以及这些影响如何反过来影响美国。”

2017 年 10 月，在金融危机爆发 10 周年之际，耶伦在全国经济学家俱乐部发表了题为《充满挑战的十年及未来面临的问题》的演讲。她就非常规货币政策在应对危机及未来的挑战方面总结了两点经验，即：①美联储在危机后部署的新货币政策工具，即“明确的远期利率指导，大规模的资产购买和对超额准备金支付利息”，帮助美国克服了危机；②鉴于短期利率中性水平大幅低于前几十年的水平，“如果短期利率回到有效下限，我们必须保持我们的非常规工具随时可被再次部署”。

小企业与复苏

耶伦，美联储主席

全国小型企业周活动，美国华盛顿商会

2014 年 5 月 15 日

谢谢康特拉斯—斯威特（Contreras-Sweet）总经理，我很荣幸能来到美国商会，参加“小型企业周”活动，并且见到优秀的企业家们。我很高兴能和大家分享小企业在美国金融危机和大衰退的恢复中扮演的角色。

危机发生后，美联储采取了非常的措施来稳定金融体系以及遏制经济活动的急速下滑。此后，美联储继续利用货币政策工具促进经济复苏，并朝着实现最大化就业和价格稳定的既定目标迈进。通过给利率施加下行压力，美联储正在努力使金融状况更加惠及大众。这些措施支持了资产价值，降低了家庭和企业的借贷成本，从而鼓励企业创造就业机会和增加复苏经济的开支。

正如我刚才提到的，这个过程的关键是创造就业机会。美联储试图创造就业机会所需的条件，但绝大多数工作是企业创造的。大约 85% 的非农就业发生在私营部门，也就是一般经济扩张期间新就业岗位的来源。到目前为止，在扩张过程中，公共部门就业下降了，而私营部门在增长，成为大部分工作岗位的来源。因此，相比于平时，企业在当下对创造就业机会更加重要。

而在其中，小企业承担了这些新工作的很大一部分。根据劳工部的最新数据显示，从 2010 年以来，超过一半的工作都是雇员少于 250 人的公司所创造的，其中大部分的公司雇员甚至少于50人[1]。

我今天晚上参加此次活动的原因之一就是为了提及这些重要的贡献。自金融危机的黑暗时期以来，美国的经济已经大大改善，而小企业在投资和招聘方面做出了不少贡献。虽然我们已经前进了许多，但我们仍需要更加努力才能走向健康的经济。我相信小企业在实现这个目标方面将继续担任不可缺少的角色。

我很荣幸能够向53位小企业主发表演讲。你们的杰出表现代表着数百万小企业为我们的经济所做的巨大贡献。你们来自不同的地方，也在不同的方面取得了成功，但你们都拥有着使得我们国家繁荣的企业家精神。美联储强烈地意识到了你们重要的存在，并且承诺继续尽我们的力量促进经济复苏，使美国繁荣昌盛。

谢谢。

① 见劳动统计局（2014），“商业就业动态：2013年第三季度”，新闻稿，4月29日，www. bls. gov/news. release/cewbd. nr0. htm 。

货币政策与金融稳定

耶伦主席

国际货币基金组织，2014 年米歇尔·康德苏中央银行讲座

华盛顿特区

2014 年 7 月 2 日

能够举办首届米歇尔·康德苏（Michel Camdessus）中央银行讲座是我的荣幸。米歇尔·康德苏曾担任法兰西银行行长，是国际货币基金组织（IMF）任职时间最长的董事之一。在担任这些角色时，他非常清楚中央银行在追求价格稳定和充分就业方面所面临的挑战，以及宏观经济稳定与金融稳定之间的相互关系。在拉丁美洲债务危机、墨西哥比索危机和东亚金融危机期间，这些相互关系更是显而易见，国际货币基金组织在康德苏的领导下对这些危机进行了积极回应。这些事件发生在新兴市场经济体，但从那以后，全球金融危机和最近的欧元危机提醒我们，没有一个经济体能够免于金融不稳定和金融危机对就业、经济活动和价格稳定产生的不利影响。

最近的危机恰恰增加了全球央行对金融稳定的关注。在美联储方面，我们投入了大量资金来监督金融稳定，并重新调整了监管和监督措施，以限制系统性风险的积聚。也有人呼吁，从根本上重新考虑货币政策的目标和战略。今天我将重点讨论这个争论所带来的关键问题：货币政策制定者和其他政策制定者如何在追求金融稳定的情况下平衡宏观审慎方法和货币政策？

在我的发言中，我认为货币政策作为促进金融稳定的工具面临着很大的局限性，包括：货币政策对金融脆弱性的影响（例如过度杠杆和期限转换）并未被很好地理解，而且它不如监管或监督在方法上更为

直接有效；此外，通过调整利率促进金融稳定，将增加通货膨胀和就业的波动。因此，我认为宏观审慎的监管方法需要发挥主要作用。这种做法应侧重于“全周期”标准，以增强金融体系对不利冲击的抵御能力，并努力确保监管保护涵盖之前未覆盖的具有系统重要性的机构和活动。这些努力应该通过使用反周期的宏观审慎工具来予以补充，其中一些我将会描述。但我们使用这些工具的经验依然有限，有很多东西要学习，方可有效地使用这些措施。

我也注意到低利率的可能，这激励了金融市场参与者获取收益、承担风险，也注意到了宏观审慎措施应对这些和其他金融稳定风险的局限性。因此，货币政策的调整有可能对于应对某个时点新出现的金融稳定风险很有效。鉴于这种可能性以及透明度可加强货币政策有效性两个因素，政策制定者就金融稳定风险以及这些风险如何影响货币政策的立场及时、清晰地发表意见至关重要。我将简要地陈述，金融稳定性如何影响目前我对货币政策适当立场的评估。

平衡金融稳定与价格稳定：近期的经验教训

在考虑金融稳定、价格稳定和充分就业之间的关系时，讨论往往侧重于这些目标之间的矛盾冲突。这些情况很重要，因为只有当冲突出现时，政策制定者才需要权衡多个目标之间的得失。但需要着重指出的是，在很多方面，追求金融稳定是对价格稳定和充分就业目标的补充。顺利运作的金融体系会促进储蓄和投资的有效配置，促进经济增长和就业。强大的劳动力市场有利于健康的家庭和企业的资产负债表，从而有助于金融稳定。价格稳定不仅有助于实体经济资源的有效配置，而且有助于减少金融市场的不确定性和有效定价，进而支持金融稳定。

尽管存在这些互补性，货币政策对“冒险”有强有力的作用。的确，近年来宽松货币政策立场支持了经济的复苏，部分原因是给家庭和企业提供了更多的激励措施，鼓励其承担有潜在产出的投资风险。但是这种冒险行为可能会过度，从而导致金融体系的脆弱性[①]。但这种可能性并不应该影响货币政策应当首先关注于价格稳定和充分就业——偏离价格稳定和充分就业对社会的成本可能是巨大的。我将通过回顾危机前美国经济的脆弱性来强调这些潜在成本的重要性以及明确的宏观审慎政策的必要性。我也将讨论如果美联储在2000年中期收紧货币政策以促进金融稳定的话，这些经济的脆弱性因素将被如何影响。

回顾2000年中期

虽然当时并没有被意识到，但实际上在2000年中期美国国内的金融稳定风险达到了一个危险的水平。在此期间，包括我在内的政策制定者们意识到，从诸多合理性估值指标来看，房屋价格被高估且可能会下跌，尽管对这种下跌的可能性及规模有多大存在分歧。当时未被了解的是，这样的下跌如果发生，其对金融行业和宏观经济的影响有多严重。政策制定者没有预料到，房价泡沫逆转引发了美国20世纪大萧条以来最严重的金融危机，因为这种逆转与金融体系和政府监管的重大脆弱性互相影响。

在私营部门，主要引起脆弱性的因素包括高杠杆率、过度依赖不稳定的短期融资、贷款发放不严格、风险计量和风险管理存在缺陷以及以不透明方式重新分配风险的“新奇”的金融工具。

在公共部门，脆弱性包括监管结构的缺口（导致具有系统重要性的金融机构和市场避开了全方位的监管）、监管者没有有效地使用其已有的权力以及对整个系统稳定性威胁不够重视。

经常听到有人说，如果2000年中期采取紧缩的货币政策，可能会防止金融危机的发生，至少大幅减轻其严重影响。然而，至少这并不足

---

① 经济的相对稳定可能会促进冒险行为和失衡的积累，这个理念与海曼·明斯基的想法一致（见 Hyman P. Minsky，1992）“金融不稳定假说”，第74号工作论文（纽约巴德学院 Jerome Levy 经济研究所），www. levyinstitute. org/pubs/wp74. pdf）。最近一个试图探索这些观点的经济模型的例子，见 Markus K. Brunnermeier 和 Yuliy Sannikov（2014），“一个金融部门的宏观经济模型”，《美国经济评论》第一卷。104（2月），第379－421页。

以解决我刚刚描述的各种关键漏洞。紧缩的货币政策不会缩小监管结构的缺口，使 SIFIs 和市场纳入全方位监管；紧缩的货币政策也不会把监管注意力转移到宏观审慎的角度；紧缩的货币政策也不会增加“新奇”金融工具的透明度，或者改善私营部门风险计量和风险管理方面的缺陷。

主张大幅紧缩货币政策可能有助于防止危机的人们，可能会认同上述这些观点，但他们也可能会认为，紧缩的货币政策会限制房价的上涨、私人部门杠杆的过度使用以及对短期资金的过度依赖，而且这些环节中的每一个都会减少，甚至会阻止危机的最坏影响。

实证经验表明，利率水平确实影响房价、杠杆率和期限转换，但同样明显的是，紧缩的货币政策本身是一个非常“刚猛”的工具：通过提高利率大幅度缓解新出现的金融脆弱性，将会产生相当大的对高失业率的负面影响。特别是一系列的研究表明，2000 年中期收紧货币政策可能导致房价升值速度放缓，但是这一效果相对于同期房价上涨的强劲势头而言，可能微不足道。因此，伴随着高失业率的大幅货币紧缩对于制止房地产泡沫很有必要①。房地产市场价格的这种放缓，可能会限制住户杠杆的上升，因为抵押贷款的债务增长将会放缓。但是，失业和

---

① 对这个问题的讨论需要一系列涵盖2000 年代发达经济体研究的帮助，包括简·多科（Jane Dokko），布赖恩·多伊尔（Brian M. Doyle），迈克尔·基利（Michael T. Kiley），金吉尔·金（Kimill Kim），谢恩·舍伦德（Shane Sherlund），宰辛（Jae Sim）和斯坎德·范登·赫维尔（Skander Van Den Heuvel）“货币政策与全球房地产泡沫”，《经济政策》第一卷，26（4 月），第 233 – 283 页。Lgan 和 Loungani（2012）强调了利率是一个重要的，但远非最重要的决定房屋周期的因素，见 Deniz Igan 和 Prakash Loungani（2012），“全球住房周期”，《IMF 工作文件》，WP / 12/217，华盛顿：国际货币基金组织，8 月，www. imf. org/external/pubs/cat/longres. aspx? sk =26229. 0。比恩等人（2010）研究了失业、通货膨胀和英国房地产市场稳定之间的平衡，认为依靠货币政策遏制房地产市场繁荣可能在其他货币政策目标方面过于昂贵（见 Charles Bean，Matthias Paustian，Adrian Penalver 和 Tim Taylor，2010），“秋季之后的货币政策”，在堪萨斯联邦储备银行赞助的研讨会上发表的题为“宏观经济挑战：未来十年”的论文，（Jackson Hole，Wyo，8 月 26 日至 28 日，www. kansascityfed. org/publicat/sympos/2010/2010 – 08 – 23 – bean. pdf）。Saiz（2014）指出，在2000 年代繁荣时期，大约 50% 的房价变化可以用低利率来解释，并且发现它是其余的、随后崩溃的“非基本”组成部分，利率不是引起问题的主要因素，参见 Albert Saiz（2014），“利率和房价的基本波动”，在2014 年春季公共政策和经济学研讨会上发表的论文，芝加哥大学哈里斯公共政策学院，4 月 8 日，http：//harrisschool. uchicago. edu/sites/default/files/SAIZ% 20FUNDAMENTALS1_0. pdf。

高利率导致的较高利息水平将直接削弱家庭偿还以前债务的能力，这表明大幅紧缩措施可能只会适度地缓解家庭资产负债表中的脆弱性[①]。

在金融板块内部，紧缩的货币政策对杠杆以及过度依赖短期融资可能会有类似的混合效果。尤其是有证据表明，低利率导致过度杠杆和对短期融资的过度依赖（隐含着较高利率能够减轻这些脆弱性的想法），但这种证据通常与效果变量较大或者其中的因果关系存在其他解释联系在一起[②]。此外，过度使用杠杆和对金融领域短期融资过度依赖的脆弱性在2007年中迅速增长，而这恰恰发生在货币政策已经明显收紧之后（相对于2003年和2004年初的宽松政策立场）。根据我的评估，宏观审慎政策（如杠杆率和短期融资的监管限制）以及更强大的贷款标准，是解决这些问题更直接和有效的方法[③]。

国际经验

近年来，除了美国之外，一些外国经济体的房地产价格快速上涨，

① 紧缩的货币政策可能对杠杆作用有不明确的影响，例如，Anton Korinek和Alp Simsek（2014年），“流动性陷阱和过度杠杆”，《NBER工作文件系列》1997年（剑桥，马萨诸塞州：国家经济研究局，3月）。

② 例如Tobias Adrian和Hyun Song Shin（2010），“流动性和杠杆”，《金融中介杂志》，第一卷，19（7月），第418-437页；Tobias Adrian和Hyun Song Shin（2011），“金融中介和货币经济学”，载于Benjamin Friedman和Michael Woodford编，《货币经济学手册》，第一卷，第601-650页。对于一项强调货币政策对金融脆弱性的反应如何变化可能会改变货币政策与金融脆弱性之间关系的研究，请参见Oliver de Groot（2014），“货币政策的风险通道”，《国际中央银行学报》，第一卷。10（6月），第115-160页，www. ijcb. org/journal/ijcb14q2a6. pdf。

③ 这个证据和经验建议依靠货币政策作为应对2000年代中期出现的各种脆弱性的主要手段，对金融稳定风险的影响不确定。这种不确定性并不意味着适度紧缩的货币政策可能没有任何帮助。例如，一些研究表明，在21世纪20年代中期出现的金融失衡可能已经表明，劳动力市场更加紧张，通胀压力也比单纯从劳动力市场状况和整体经济活动中所看到的更为严重。因此，这种金融失衡可能要求通过传统的政策观点来适度地收紧货币政策。例如，参见David M. Arseneau和Michael Kiley（2014年），“金融不平衡在评估经济状况中的作用”，华盛顿：联邦储备系统理事会，4月18日，www. federalreserve. gov/econresdata/notes/feds-notes/2014/the-role-of-financial-imbalances-in-assessmenting-the-state-of-the-economy-20140418. html。

在一些情况下，还存在失业率高企、通货膨胀未达央行通胀目标等问题[①]。这些事态发展引发了关于如何在促进金融稳定过程中最好地平衡货币政策和宏观审慎工具的争论。

例如，加拿大、瑞士和英国已经表示愿意在非常情况下使用货币政策来解决金融稳定的问题，但他们认为宏观审慎政策是追求金融稳定的主要手段。在加拿大，由于通货膨胀低于目标，产出增长相当疲软，加拿大央行将政策利率维持在1%或以下，但从2009年到2012年，每年的按揭贷款限额都被收紧，还包括贷款抵押价值的比率、债务对收入比例的上限变更，以及其他措施等[②]。相比之下，挪威和瑞典的货币政策决策一定程度上受到金融稳定性因素的影响，但所采取的措施有限。在挪威，政策制定者在2010年中期提高了政策利率以面对家庭债务的上升，尽管通胀低于目标水平，而且产出低于产能，这样做的部分原因是为了“防范未来的不平衡风险”[③]。同样，瑞典央行出于金融稳定的担忧，维持政策利率在“比正常情况稍高”的水平[④]。在这两个国家的案例中，宏观审慎行动也被采纳或在考虑之中。

在回顾这些经验时，似乎很清楚，货币政策制定者们已经意识到对货币政策进行大规模调整以遏制金融稳定风险存在重大障碍。支持以更有力的货币政策应对金融稳定问题的支持者们可能会说，这些障碍被夸大了，在货币政策讨论中应大幅提高对金融稳定担忧的因素。在我看

---

① 国际货币基金组织（2014年），“全球住房观察”，www. imf. org/external/research/housing/index. htm。

② 关于在加拿大采取的宏观审慎措施的讨论，见Ivo Krznar和James Morsink（2014年）：“大国强加责任：加拿大的宏观审慎工具”，《货币基金组织工作文件系列》，华盛顿，国际货币基金组织，5月，www. imf. org/external/pubs/cat /longres. aspx? sk =41551. 0。

③ 参见挪威银行（2010），“执董会的货币政策决定——背景和总体评估”，新闻稿，5月5日，www. norges - bank. no/en/about/。

④ 见Per Jansson（2013年），“我们如何制止家庭债务的趋势？在多个方面工作”，在斯德哥尔摩Berns Salonger的SVD银行峰会上发表的演讲，12月3日，www. riksbank. se/en/Press - and - published/Speeches/2013/Jansson - How - do - we - stop - the - trend - in - household - debt - Work - on - several - fronts, p. 2。

来，在货币政策讨论中对金融稳定风险给予更多关注是适当的，但鉴于对宏观经济表现的负面影响，其潜在的成本可能太大，以至于不能将金融稳定风险作为货币政策决策中的核心考虑因素，至少在大多数情况下如此。

如果货币政策不能在解决金融稳定问题上发挥核心作用，这项任务必须依靠宏观审慎政策。在这方面，我也要指出，国外决策者也取得了重大进展，不仅是在发达经济体。在许多方面，新兴市场经济体在应用宏观审慎政策工具方面处于领先地位，近年来对房地产借贷或其他被认为会造成脆弱性的活动采取了各种限制措施①。虽然现在得出明确的结论还为时过早，但这些经验会帮助我们理解他们的政策及其有效性。

通过宏观审慎的方法促进金融稳定

如果宏观审慎工具在实现金融稳定方面将发挥主要作用，那么下列问题依然存在，即：什么宏观审慎工具最有效？这些工具的局限性是什么？鉴于这些局限性，什么时候适于启动货币政策调整，以解决宏观审慎框架下无法解决的问题②。

在权衡这些问题时，我发现应当区分主要抵御负面金融情况的“全周期”弹性工具与主要抵御金融过度行为工具的差异③。

---

① 见朱敏（2014），“房价上涨的良性忽略时代已经结束”，IMF Direct，6月11日，http：//blog - imfdirect. imf. org/2014/06/11/era - of - benign - neglect - of - house - pricebooms - is - over 。

② 例如，国际货币基金组织（2013），“货币与宏观审慎政策的相互作用”（华盛顿：国际货币基金组织，1月29日），www. imf. org/external/np/pp/eng/2013/012913. pdf 。

③ 国际货币基金组织最近讨论了建立复原能力和依靠过度行为的工具，并提供了宏观审慎工具及其与其他政策（包括货币政策）的相互作用的广泛概述。见国际货币基金组织（2013年），“宏观审慎政策的关键方面”，华盛顿，国际货币基金组织，6月10日，www. imf. org/external/np/pp/eng/2013/061013b. pdf 。

建立弹性

建立弹性的工具，旨在使金融系统更好地抵御意外的负面情况。例如，要求金融机构有足够的吸收亏损的资本，使其在面临意外损失时更具韧性。当对规模巨大且系统性最为重要的公司采取最为严格的措施时，这样的要求就具有宏观审慎的维度，因为其最小化了这些公司的损失在整个金融体系中震荡传播的风险。建立防止“挤兑”的弹性，可以通过要求更强大的资本实力以及关联公司之间更加充足的流动性缓冲来加强。关于系统重要性金融公司（SIFI）的一整套有效解决方案，可以在一家 SIFI 崩溃的情况下，更好地保护整个金融系统免受蔓延影响，从而增强系统的抵御弹性。此外，金融体系的稳定性，可以通过解决金融公司之间的相互关联关系的措施来加强，例如，对衍生品交易的保证金和中央结算制定特殊要求。最后，监管“覆盖”范围，足以涵盖以前的监管和监督缺口以及系统重要的公司和市场，可以帮助防止风险转移到难以被发现或处理的领域。

在美国，在上述领域都取得了相当大的进展。对银行资本管理要求的变化，包括对系统性重要机构的额外要求，大幅度增加了对大型银行公司吸收亏损资本的要求。美联储的压力测试和全面资本分析与审查过程，要求大型金融机构保持足够的资金，以应对严重的冲击；还需要证明其内部的资本规划过程是有效的，同时提供其在金融体系大型波动情况下吸收亏损的能力。《巴塞尔协议Ⅲ》框架还包括了旨在减轻全球银行过度依赖于短期批发融资的流动性要求。

对美国影子银行体系的监管也得到了加强。新的金融稳定监督委员会（FSOC）已经指定一些非银行金融公司作为系统重要性机构，其受到美联储的统一监管。此外，我们正在采取一些应对短期批发融资市场潜在不稳定因素的措施，包括对第三方回购市场和货币市场共同基金的改革——虽然这些领域的进展有时比较缓慢。

针对短期批发融资市场的剩余风险应该采取更多的额外管制措施。其中有的措施——例如要求企业持有更多的资本、拥有更稳定的资金来源，或使用短期批发融资时应当具备高流动性要求——可能只适用于最大、最复杂的组织。其他措施——例如回购协议和其他证券融资交易的最低保证金要求——至少可以在原则上适用于整个市场。应当修改最低保证金要求，使得投资者在市场正常和旺盛时期也采用更为保守的保证金水平，避免在市场困难时期，短期批发融资市场依周期调整的保证金增加造成市场失衡。

逆风而动

在目前的时刻，有一点应该是很清楚的，即：在金融体系内建立韧性对于最大限度地减少金融不稳定的可能及其损害至关重要。这种对韧性的关注与多数公开的讨论有所不同。公开的讨论往往涉及某类特定的资产是否正在经历“泡沫”，以及决策者是否应尝试戳破泡沫。由于有弹性的金融体系可以承受突如其来的事态发展，因此发现泡沫就不那样重要了。

尽管如此，一些宏观审慎工具可以在风险出现时进一步增强“弹性”抵御能力。另外，宏观审慎工具有时可以针对所关注的领域。例如，新的《巴塞尔协议Ⅲ》的资本监管框架规定了一个反周期的资本缓冲区，以便在快速信贷创造期间在金融部门建立额外的损失吸收能力，并同时抑制新出现的过度金融活动。压力测试包括一个情景设计过程，即：在快速的经济扩张过程中，情景中的宏观经济压力变得更加严重，并同时设计了特别关注突发风险的可能性，而这两个因素都有助于在风险上升时提高金融市场的“弹性”及抵御风险的能力[①]。类似的，

---

① 参见《关于“Regulation YY”条件下压力测试情景设计框架的政策声明——强化的审慎标准和对覆盖公司的早期救助》，12 CFR PT。252（2013），关于压力测试情景设计框架的政策声明，www. federalreserve. gov/bankinforeg/bcreg20131107a1. pdf。

证券融资交易的最低保证金要求，也会呈现“反周期”的变化，即它们在正常时期的要求比在压力时期要高一些。

货币政策的启示，现在和未来

鉴于采取实施宏观审慎的方法提高金融稳定性的工作已积极展开，并且政策制定者们对监控新出现的金融稳定风险的高度关注，我认为应用以下三个关键原则来指导美国货币政策与宏观审慎政策的互动。

第一，监管机构应全力完成通过宏观审慎方法来提高金融体系的“弹性”及抵御能力，从而降低货币政策重点关注金融稳定问题的可能性。如上所述，货币政策应侧重于价格稳定和充分就业。这条工作路径的关键步骤包括：完成向《巴塞尔协议Ⅲ》全面实施的过渡，包括新的流动性要求；提高对系统重要性公司的审慎标准，包括以风险为基础的资本要求、杠杆比率以及对严重依赖短期批发融资企业更严格的审慎缓冲要求；扩大监管“覆盖”伞，把所有具有系统重要性的公司都纳入其中；为系统重要性金融机构建立有效的跨境解决机制；考虑诸如证券融资交易最低保证金要求等规定，限制银行业和系统重要性金融机构之外的杠杆率。

第二，政策制定者必须认真监测不断变化的金融体系风险，并对宏观审慎工具限制这些风险发展的能力持客观现实的态度。宏观审慎政策的局限性包括：在被监管领域之外出现风险的可能性，监督和监管未发现新型风险的可能性，新型宏观审慎工具（例如反周期的资本缓冲）功效的不确定性，以及这些政策步骤的实施被推迟或缺乏公众支持的可能性[①]。鉴于这些局限性，有时有可能需要调整货币政策，来遏制金融

① 有关讨论，请参阅 Elliott，Feldberg 和 Lehnert，“美国周期性宏观审慎政策历史”。

稳定的风险[①]。

如果公众了解货币政策制定者在制定货币政策时如何权衡这些风险，前两项原则将更有效地应对金融稳定风险。由于这些问题是新问题，并且又非常复杂，所以一般意义上并没有一个简单的规则可以规定货币政策应该如何调整，以适应金融稳定前景的变化。因此，决策者应该清晰、一致地就金融体系的稳定性及其对货币政策的影响发表自己的观点。

为此，我在此简要介绍一下我对目前金融稳定风险及其对美国货币政策相关影响的立场。近年来，宽松的货币政策导致了低利率，收益率曲线变缓，财务状况改善以及劳动力市场的增强。这些影响促进了家庭资产负债表的修复、改善了企业的财务状况，从而使金融部门更加健康。此外，家庭和企业资产负债表的改善、金融部门安全性的提高，亦与我所述的宏观审慎努力相关。总体而言，非金融信贷的增长比较温和，而金融体系的杠杆率则大幅下降，对短期批发融资的依赖也远远低于危机之前（尽管短期资金市场仍存在重要的结构脆弱性）。

考虑到所有这些因素，我目前并不认为货币政策需要偏离主要关注价格稳定和最大限度就业的重点，而试图去解决金融稳定的问题。尽管如此，我的确看到整个金融体系冒险的情况有所增加，而这些担忧的加速或扩大可能导致更强有力的宏观审慎方针。例如，公司债券息差以及部分资产市场波动性预期指标已经跌至低位，说明一些投资者低估了未来亏损和波动的风险；此外，杠杆贷款市场的条款和条件已经明显放松（该市场为低评级的公司融资）。这些现象显示，面对长期的低利率环

---

① 亚当和伍德福德（Adam and Woodford，2013）提出了一个宏观审慎政策不存在的模型。在这种情况下，对房价过热时的货币政策进行调整——即使这种调整会导致不良的通货膨胀或就业损失——应是最优货币政策的一个组成部分。参见克劳斯·亚当（Klaus Adam）和迈克尔·伍德福德（Michael Woodford）（2013 年），“房价与稳健的最优货币政策”，6 月 29 日的工作论文，http：//adam. vwl. uni – mannheim. de/fileadmin/user_ upload/adam/research/AW_ AssetPrices. PDF 。

境，投资者开始“追求收益率”。美联储、货币审计署和联邦存款保险公司在2013年初发布了有关杠杆贷款的指导意见，并在去年年底更新了这一指导。迄今为止，我们并没有看到杠杆贷款带来的系统性威胁，因为广义的信贷余额指标，并未显示非金融借款人承担了过高的债务。而贷款机构的资本和流动性情况改善，确保了抵御风险造成潜在损失的能力。但我们需要注意，信贷供给可能加速，借款人损失可能意外地大幅上升，金融系统的杠杆率和流动性可能恶化。因此，我们必须监测我们所采取的宏观审慎措施是否产生了足够的抵御能力，并考虑部署其他工具，包括当情况发生出乎意料的变化时，调整货币政策立场。

结论

在全球金融危机之后，促进金融稳定的政策方针发生了巨大的变化。我们在实施宏观审慎政策方面取得了长足的进步，这些变化对我们的货币政策讨论产生了重大影响。美国取得进展的一个重要因素是我们从世界各地的中央银行和监管机构获得的经验中吸取了大量的经验教训。国际货币基金组织在这个不断演变的过程中发挥着重要的作用，成为世界各经济体代表的论坛以及负责促进全球金融和经济稳定的机构。我期望能够对这些问题的讨论做出贡献并向各位学习。

在“开创宏观经济政策组合的美好未来”论坛上的发言

耶伦主席

法兰西银行“中央银行：路在何方？”国际研讨会

法国，巴黎

2014年11月7日

首先感谢法兰西银行邀请我参加令人期待的热烈讨论。

全球金融危机的突然性和严重性迫使政策制定者们迅速而创造性地采取行动，运用广泛的宏观经济工具（包括货币和财政政策）来遏制经济急剧下滑并重新启动全球经济。鉴于复苏的缓慢和不稳定性，支持性政策仍然是必要的。

今天我想简要回顾一下美国和其他发达经济体在全球金融危机之后的货币和财政政策演变情况，因为我们曾经面临过相同的情况、采取过相同的政策措施。我将尝试总结一些教训，并对未来的政策组合提供一些想法。

危机前的政策

在全球金融危机之前，美国和其他发达经济体的通货膨胀率接近目标水平，其中大部分经济体似乎以非常接近潜力的水平发展。政策利率同样处于被认为是正常的水平附近。

在危机之前，财政赤字也似乎得到了控制。根据经济合作与发展组织（OECD）的数据，2007年，美国和英国的政府总赤字不到GDP的4%，日本约为2%，在欧元区平均不到1%。不过，鉴于经济状况相对较好，各国政府可能本应该做更多的准备以应对人口老龄化的长期挑战，并在未来几年提高养老金义务和医疗保健支出。此外，日本和一些欧洲国家的政府债务水平已经很高，其他地方也不是特别低。一些欧元区国家似乎有明显的迹象显示其财政状况陷入危机，部分原因是由于那里住房市场繁荣的破灭。

对危机的政策回应

危机来袭时，其范围之广和程度之严重都出乎意外。美国和其他国家的央行迅速而大幅度地降低了其政策利率，在很多情况下将其降低到接近于零。此外，央行作为最后贷款人的角色，迅速采取行动，提供流动性，帮助稳定金融体系，支持家庭和企业的信贷流通，在某些情况下创造新的贷款安排。这些非凡和创造性的反应表明，货币政策制定者已经接受了大萧条的教训。

最初，财政政策也提供了重要的刺激。这部分刺激措施反映了类似“自动稳定器”的运作状况，包括提供较高的失业救济金，以及由于收入降低而导致税负下降，另有一些措施带来了税率的削减和可自由支配开支的增加等效果。扩张性的财政政策提高了大多数国家的赤字，其中一些国家面临进一步稳定金融机构的成本，并由此推高了赤字。赤字急剧增加导致政府债务水平不断升高。

恢复过程中的政策

债务增加和产出下降相结合导致许多发达经济体的债务占国内生产总值（GDP）的比率上升，人们越来越担心债务持续增长会使财政状况出现不稳定。因此，在经济复苏早期，政府开始撤出财政刺激措施，而且在大多数情况下，财政政策成为经济增长的净拖累。这一结果在欧元区周边地区表现得最为明显：债券收益率暴涨，对违约问题的担忧加深，令政府无法将刺激措施控制在合适区间。例如在西班牙，经合组织估计，自2009年以来，财政整顿每年使GDP增长平均减少0.5~1个百分点。但是，面对市场压力较小的国家（如英国和美国），财政政策也在收缩。两国政府在过去四年中开始了财政整顿计划，大幅度减少了结构性赤字，从而导致经济复苏出现阻力。

财政拖累和私人部门去杠杆化也抑制了消费和投资，使得货币政策主要承担支撑经济的直接作用。随着政策利率达到或接近零，中央银行转向非常规的大规模资产购买等政策工具，并加强对未来政策利率路径的前瞻性指导。我认为，这些非常规手段有助于国内需求的复苏，从而有助于全球经济的增长。

即使如此，大多数发达国家的复苏进展也比决策者所希望的缓慢。这种不景气的部分原因是由于与危机有关的金融冲击的严重性以及复苏中面临的各种逆风。与过去的复苏相比，近年来因为缺乏财政对需求的支持也使复苏过程放缓慢[①]。在美国，相对于此前的复苏，财政政策的支持要差得多。例如，在2001年的经济衰退中，各级政府的就业人员增加了大约80万人；相比之下，在目前的复苏中，政府部门的就业反而下降了大约65万个岗位。

经验教训

我们可以从这个经验中吸取什么教训？首先，各国政府需要应对长期挑战，并在良好的时期大幅度改善结构性财政平衡状况，以便在时机变糟时有更多的财政空间提供刺激。当经济状况不佳导致政策利率接近零下限时，财政刺激可能比平常更有效地提高总需求，因为它不会像通

---

① 见Greg Howard，Robert Martin和Beth Anne Wilson（2011），“是否银行业和金融危机的复苏真的如此不同?”国际金融讨论论文1037（华盛顿：美联储体系董事会，11月）。

常提高实际利率那样，导致私人需求被挤出①。

第二个重要教训是，在政策利率接近于零的情况下，即使合适的财政政策会发挥更大作用，政策制定者仍然可能在实施财政刺激方面面临制约。这意味着中央银行需要准备好利用包括非常规政策在内的所有可用工具来支持经济增长并实现其通货膨胀目标。

第三个重要的教训是在有效的监管和监督的支持下，建立一个健全而有弹性的金融部门的重要性。这个部门应具有强大的资本化能力和审慎的风险管理机制。最近的危机增加了全球央行对金融稳定的重要性。在欧洲央行（ECB），最近的综合评估是树立欧元区银行信心的重要一步。我希望欧洲央行取得巨大成功，因为它在单一的监督机制中负有新的责任。在联邦储备银行，我们投入了大量的资金来监控金融稳定性，并重新调整了我们的监管和监督工作，以限制系统性风险的积聚。这种促进金融稳定的宏观审慎手段将是对我们推动经济健康发展的其他工具的重要补充。

展望未来

在发达经济体中，目前的宏观经济政策在总体上仍是特殊的货币政策刺激措施和略微紧缩的财政政策的组合。考虑到经济增长、就业和价格的各种不利影响，总体情况并不理想。政策制定者们在寻求平衡长期财政的可持续性以及短期内支持经济的需求时，仍面临着困难的选择。

即使如此，我仍然认为与金融危机有关的阻力将会减弱。随着就业、经济活动和通货膨胀率恢复正常，货币政策最终也需要恢复正常。不过由于国内经济复苏步伐的差异，这种正常化的速度和时机可能会有所不同。这种正常化可能会导致金融波动加剧，但正如我在其他场合提

① 例如 Lawrence Christiano，Martin Eichenbaum 和 Sergio Rebelo，“政府何时花费增大?”《政治经济学杂志》，2001，119（2月）；J. Bradford Delong 和 Lawrence H. Summers，“萧条经济中的财政政策”，《布鲁金斯经济活动论文集》，春季，第233－297页。

到的那样，就我们而言，联邦储备银行将努力清晰、透明地宣传其货币政策策略，以尽量减少可能扰乱国内和周边金融市场的意外事件。更重要的是，货币政策的正常化将是一个重要标志，即总体经济形势终于从大衰退的阴影中开始走出来。

加强对大型金融机构的监督

耶伦主席

市民预算委员会

纽约，纽约州

2015年3月3日

感谢今天有机会到此和大家沟通，回到纽约真是太好了。公民预算委员会多年来发挥了重要的作用。委员会作为一个论坛，讨论的常常是具有国家乃至全球重要性的、纽约人感兴趣的问题。考虑到纽约作为全球金融中心的优势，我认为讨论这样一个话题是恰当的，这就是美联储如何监管那些规模最大的金融机构（其中许多总部设在这里或在这里有重要的商业存在），以及自金融危机以来对其的监督力度是如何被逐渐强化的①。

金融危机与大型金融机构

这场危机有很多原因，其中包括导致房屋市场长期繁荣的众多因素，以及与传统银行业规模相当的基本上没有监管的“影子银行体系”的扩张。不断自我强化的金融恐慌加剧了全国各地和整个金融体系多年积累的风险。

但在相当程度上，复杂的大型金融机构是危机的中心。这些机构（其中一些当时不受美联储监督）是最终导致危机的过度冒险的主要原

① 联邦储备理事会对我今天讲的一系列法律形式的实体（包括存款机构和控股公司）进行监督。在此文中，“金融机构”“公司”“银行”“银行机构”可以互换使用，除非另有说明。

因。由于这些大型机构的显赫地位和它们与其他金融体系的联系，它们是这场危机迅速蔓延的途径，并在经济危机中起到了毁灭性的作用。

金融危机和经济衰退给本市和全国各地数以百万计的个人和家庭造成了巨大的困难。我相信所有的美国人都在努力确保我们的金融体系保持强大、更富有弹性方面具有相同的利益，并期待其能够为一个健康的和不断增长的经济服务。危机以来我们工作的一个关键部分是促进金融体系的稳定，因此，我们需要更大的努力来确保大型机构的安全运行，并让它们继续为家庭和企业提供服务，即使在面临财务压力的状况时。

在危机发生之前，大型企业未能充分预测和管理日益扩展、多样化、复杂的新业务所带来的风险。部分是由于这些公司在金融体系受到压力时难以维持市场和债权人的信任。市场对这些机构能否承受其所持有诸多资产的价值损失的疑虑迅速上升。也有人对这些公司是否有足够的现金和其他流动性资产来满足短期债权人和大型机构客户的直接或潜在需求提出疑问。在危机发生前，许多大型机构已经非常依赖短期借款来提供常规贷款和其他提供更高回报的业务所需的资金。尽管这种做法看起来似乎是一个简单的业务操作，但如果短期资金枯竭的话，其缺点是这些银行将面临破坏性的挤兑，就像在危机中发生的那样。

当然，在这方面大型金融机构并不是特例，并不只是它们没有看到这些风险。制衡措施——即监督管理和市场纪律维持机制——曾被广泛预期可以防止大型金融机构过度冒险，但实际上却没有做到。包括美联储在内的政府机构未能认识到危机的风险程度及其可能对金融体系和经济造成多大危害。投资者也未能预见和了解危机期间大型金融机构行为的风险。

金融监管的背景

在谈到美联储改善对大型金融机构监管的行动之前，让我明确一下

“大型机构”的含义。一般来说它是指那些其自身的财务危机会对金融稳定构成重大风险的公司，即那些从这个意义上说具有“系统重要性”的公司。这包括美国的银行机构，这些机构拥有庞大、复杂且很多国际化的业务；在美国有广泛业务的外资银行机构；其他大型复杂的金融公司。今天，美联储对16家公司进行了比其他公司更严格的监管①。从这些公司的规模和重要性来看，16家公司中的8家美国银行控股公司占美国银行体系总资产的近60%②。

美联储对大型金融机构的监管旨在确保个别金融机构的安全性、健全性以及金融体系的弹性。美联储希望其监管的银行（包括最大的银行）财务状况良好。健全性的两个核心要素是资本和流动性。资本是银行股东提供的资金，作为缓冲，使公司能够吸收意想不到的损失，包括在经济下滑或经济压力时期。银行的流动性是指它能够履行对客户和与其进行金融交易的其他方当前和未来的义务。流动性是金融公司的生命线，因为一旦流动性枯竭，公司就不能再经营了。

除了注重资金和流动性外，美联储还努力确保银行管理良好，有董事会对股东负责的强有力公司治理。我需要强调这一点，我们期望我们监督的公司遵循法律并以符合道德标准的方式运作。近些年来，大型银行的银行家们并没有这样做，他们的行为有时肆无忌惮。这些事件无论是单独还是整体上都提出了一个合理的问题，即大型金融公司的价值观

---

① 这些公司的最新名单可以在联邦储备委员会的网页“大型机构监督协调委员会”上找到，网址是 www. federalreserve. gov/bankinforeg/large – institution – supervision. htm。这个清单可能会根据企业相对系统重要性的变化而变化。金融稳定监督委员会可以在美国财政部的网站 www. treasury. gov/initiatives/fsoc/designations/Pages/default. aspx. 上找到受美联储监管的非银行金融机构的信息。

② 信息基于最近的 FR Y –9C 报告，是由银行控股公司和储蓄和贷款控股公司提交的。要查阅报告，请登录 www. federalreserve. gov/apps/reportforms/default. aspx 查阅董事会的“报告表格”网页。

是否普遍存在缺陷，这直接损害了其安全性和稳健性①。

美联储密切关注着每一个大型金融机构的安全性和稳健性，正如我刚才指出的那样，孤立地看待这些公司是不够的。大公司的安全和健全受到更广泛的金融体系稳定性的影响。可以负责任地说，在危机前的几十年相对金融稳定期中，美联储过分关注个别公司，而对其在金融体系中的作用以及这些公司运营对金融稳定的影响关注不够。用一个恰当的比喻，我们仔细地看着树木，忽视了森林。美联储自危机以来对大型机构进行监督的最根本的变化之一，也是我今天要讨论的一个原则，就是提高金融稳定在监督中的重要性。

美联储对金融机构的监管和监督在通常情况下密切相关，但这两个行为是截然不同的活动。一方面，监管主要是指企业必须遵循的规则。监管从国会通过的法律开始，这是美联储和其他机构制定的具体、详细规则的基础。另一方面，监督包括监控和检查这些公司的日常运作，包括它们的财务状况、风险管理和公司治理，以确保它们遵守法律法规和经营安全稳健。

联储撰写规章制度，制定监督政策，并与 12 家地方储备银行紧密合作，深入大型金融机构进行监督。许多日常的监督工作，特别是对小型银行来说，都是通过储备银行在当地进行的。对于具有系统重要性的公司，联储几年前成立了大型机构监督协调委员会（LISCC），以确保良好的协调监督。

我认为，确保大型机构的安全稳健和金融体系的稳定，是联储最重要的职责之一，也是我作为主席最重要的职责之一。

在改善对大公司的监督方面，美联储已经把确保根据银行规模、

---

① 更多信息，请参阅丹尼尔·塔鲁洛（Daniel K. Tarullo，2014），纽约联邦储备银行主办，在纽约州纽约市 10 月份召开的“改革金融服务行业的文化和行为”会上的讲话，“良好的合规性，而不仅仅是合规性”，www. federalreserve. gov/newsevents/speech/tarullo20141020a. htm。

复杂程度和风险而制定差异化的监管规章作为重中之重①。我们将使用法定权限来确保避免采取一刀切的方式颁布监管方面的规章制度。在继续这项工作时，如果我们发现了可能受益于透明度增强或技术变革同时也不损害安全性和健全性的个别问题（如国会去年就保险公司资本要求提出的问题），我们将与国会沟通。

金融危机后监管与大型金融机构的监督

危机以来的监管变化已经非常全面②。虽然我今天的重点是在美国采取的措施，但也应该注意到，我们与国际同事密切合作，以确保系统性重要金融公司的监管标准在全球范围内得到提升。我们在国内和国际的监管改革方面取得了重大进展，但仍有工作要做。

我将简要介绍联储对大机构监管改善的最重要的五项变革。

首先，所有银行都需要持有更多的资本，对最大、系统最重要的公司应有更高的标准。其次，大型机构也被要求大幅增加流动性。这些要求更高资本金和流动性标准的“蓝图”包括在一个被称为《巴塞尔协议 III》的国际协议里，该协议为世界各地的跨国交易活跃银行制定了最低标准。但是，美国已经进一步提高了对大公司资本的要求。其三，大公司现在需要证明，它们可以继续安全地运行，并可在类似于危机期间发生的压力下为客户提供服务，这被称作压力测试。第四，根据

---

① 丹尼尔·K. 塔鲁洛（Daniel K. Tarullo，2014），“社区银行监管的分层方法”，11 月 7 日芝加哥社区银行研讨会上发表的演讲，www. federalreserve. gov/newsevents/speech/tarullo20141107a. htm；和 Janet L. Yellen（2014 年），“社区银行的量身定制监督”，在 2014 年美国独立社区银行家华盛顿政策峰会上的讲话，华盛顿，5 月 1 日，www. federalreserve. gov/newsevents/speech/yellen20140501a. htm。

② 我在联邦储备委员会的几位同事以及董事会的工作人员已经广泛讨论了危机后的监管改革议题程。例如，参见 2014 年 11 月 20 日在纽约请算银行 2014 年会上发表的“流动性监管”讲话，www. federalreserve. gov/newsevents/speech/tarullo20141120a%20. htm；2014 年 9 月 9 日，美国参议院银行、住房和城市事务委员会发表的声明，“多德 – 弗兰克实施”，www. federalreserve. gov/newsevents/testimony/tarullo20140909a. htm；斯坦利·菲舍尔（2014 年），“金融部门改革”，彼得森国际经济研究所，华盛顿，5 月 3 日，www. federalreserve. gov/newsevents/speech/tarullo20130503a. htm。

《多德—弗兰克华尔街改革和消费者保护法案》，国会授权建立了一个称为“解决问题”的新机制，该机制以有序的方式管理大公司失败，并减少该等失败威胁金融稳定的机会。国会授权联储和联邦存款保险公司（FDIC）要求大公司制定适用于自身的“解决问题”机制方案。

我想提及的第五个也是最后一个监管变化是，《多德—弗兰克法案》赋予了美联储更为明确的保障金融稳定的责任。这些适用于大型机构的更严格资本要求以及我刚才所说的其他监管变化，其目的都是为了促进金融体系的稳定。此外，为解决不同机构之间金融稳定责任分散的问题，美联储也加入一个新的机构组织——金融稳定监督委员会（Financial Stability Oversight Council），并成为其一个组成部分，该委员会帮助美国监管机构更有效地合作，更好地促进金融体系的稳定。

加强监管

这些监管变化不仅提供了额外的监管工具，还加强了对大型金融机构的监管行为。我们大大提升了对这些企业的监管方式，确保他们具有充足的资本和流动性，以及符合新监管要求的评估。我们还大大提高了对监管公司如何管理风险，维护内部控制和公司治理的期望。我们重组了对大型金融机构的监管，以提高监管战略和决策的质量、一致性和范围。

金融危机以来，大型银行监管最重要的一项内容是要求大机构拥有足够的资本，以应对紧张时期的财务状况。该计划包括压力测试以及对企业如何计划未来资本需求的年度检查①。最新结果将在未来数日内披露。

银行的资本压力测试并不新鲜，但自从危机发生以来，美联储广泛

① 《综合资本分析和审查规定》适用于大量机构，而不仅仅是最具系统重要性的这些讨论中的公司。

地运用了这些测试[①]。这些测试利用银行财务和运营方面的信息，衡量和评估一系列不利的经济和金融假设情景下这些公司的资本状况。这些测试显示单个银行在压力条件下可能遭受的破坏，以及这些问题对金融体系稳定的影响。我们的目标是要看到大型机构有足够的资本，不仅要在压力条件下生存，还要继续为客户服务。美联储每年进行一次压力测试，要求公司每年进行两次自己的测试并向公众披露结果。

压力测试是一个重要的工具，却不足以提供大型企业资本充足性的全貌[②]。美联储还关注大型银行资本规划的其他方面，如风险管理、内部控制和治理。如美联储对资本压力测试结果不满意，或者发现公司资本计划有缺陷，我们可能会限制公司支付股息、回购股份或其他降低公司资本基础的行为。

除了这些与资本有关的步骤，2012 年美联储开始了对大型银行流动性的全面评估[③]。审查公司自己进行的流动性压力测试，并对企业流动性进行独立评估。这些针对公司流动性的“演习”为联储监管人员提供了应对不断变化的流动性风险和公司行为的机会。通过这种努力，我们可以要求大公司采取具体行动来加强流动性，或者改进它们管理流动性风险的方式。

通过压力测试和其他监督方面的改进，我们对大型机构提出了更多监管要求，同时也对自身提出了更多要求。危机之前，美联储对大型机构的监督并没有充分、有效地利用联储全系统人员的专业知识。为了加

---

① 除了在整个危机期间进行的特别压力测试外，2009 年美联储和其他美国联邦银行机构在美国 19 家最大的银行控股公司进行了监管资本评估计划。这一做法在公开并确定大公司的资本缺陷方面发挥了关键作用，并通过要求这些公司解决相关缺陷来提高市场信心。

② 有关《全面资本分析和审查规定》以及《多德—弗兰克法案》有关压力测试要求的更多信息，请参阅：www. federalreserve. gov/bankinforeg/stress – tests – capital – planning. htm. 10 上的“压力测试和资本计划”网页。该联邦储备评估也被称为全面流动性分析和评估。

③ 联储的评估被称作全面流动性分析评价。

强对最大系统性重要企业的监督，我们成立了前面提到的大机构监督协调委员会（LISCC），汇集了来自联储各方面的专家，包括监管、研究、法律、金融市场和支付系统等各个领域，成为联储董事会领导下的一个统一机构。

大机构监督协调委员会计划通过多种方式加强监管。首先，通过对公司进行单独或总体性的观察，确保监管者发现某个公司存在的问题，以及公司间对金融稳定构成风险的可能和趋势。大机构监督协调委员会还通过集中方法和全系统方法，在对大公司的监督中促进监管的高标准和一致性。通过汇集来自整个联储系统工作人员的智慧，大机构监督协调委员会旨在确保对系统重要企业重要决策的监督提出不同观点和看法。最后，参与大机构监督协调委员会的美联储专家技能的多样性，使其能够从更广泛的经济、金融市场和其他资源角度考虑金融稳定风险。大机构监督协调委员会在金融危机后成立的金融稳定政策与研究理事会办公室的工作基础上，对金融稳定进行综合的全面分析。

联储对监管大型金融机构负有重要责任，但无法只靠我们自己就保证其稳定。我们与其他对大型机构安全和健康有影响的金融监管机的沟通和协调也非常重要。我们还需要与这些公司有业务运营的其他国家监管部门合作。这种合作有助于我们理解复杂的全球金融体系的发展情况，而这些情况对个别公司或大型机构总体而言都有影响。它们可以提供被监管公司的信息，而我们也可能与其他机构或政府分享关于这些公司的信息和观点。另外，这样做也有利于采取协调一致的方式，确保大型企业安全可靠地运营。

监管和监督机构必须独立于受监督的实体才能确保其效果。你可能知道或听说过“监管俘获”这一术语。“监管俘获”是指监管机构可能会只提高其监管行业的利益，而不是其代表的更广泛的公众利益[①]。监管俘获在任何行业都可能以有意或无意的方式发生。最明目张胆的方式涉及明显的利益冲突——例如政府官员抱有未来从其监督的行业获得报酬的期望。但过往经验和广泛研究表明，监管俘获也以较不明显的方式发生，例如，个人之间的密切接触和熟悉程度会导致执行规则的人同情被他们监督的人。无论其原因是什么，监管俘获的风险都是美联储非常重视并且尽力预防的。我们执行严格的道德规范，提升员工的价值观，其中包括对公共服务的承诺。任何为美联储服务的人都应该在对行业有担忧时畅所欲言，而且这些问题应得到解决。在董事会的监督下，大机构监督协调委员会开展监督专业的领域的扩展和参与度的扩大都代表了其对大型公司监管漏洞风险的新增监督。

改进监督的结果

我相信，我所描述的改变已经显著改善了大型金融机构和金融体系的总体实力和稳定性。

正如我前面提到的，强大的资本和流动性是大型机构韧性的根基。好消息是，自危机以来，大型企业的资本规模和流动性质量都有了很大进步。

大企业资本状况的部分改善是由监管变化引起的，并且这些变化将在接下来的几年中逐步实施，其中包括美联储资本规划和压力测试的要求。从2009年初到2014年，美国8家最具系统重要性的银行控股公司持有的资本增加了一倍多，反映这些公司最严格形式的资本增加了近5 000亿美元。同样，美联储对流动性的专注促进了企业流动性的显著

① 一系列经济文献涉及监管俘获，其中最有影响力的作品之一是 George J. Stigler（1971），“经济管制理论”，《贝尔经济管理学报》，第一卷 2（春季），第 3 – 21 页。另见 Ernesto DalBó（2006），“监管俘获：回顾”，《牛津经济政策评论》，第一卷 22（Summer），第 203 – 225 页。

增长。这8家公司持有的优质流动性资产自2012年以来增长了1/3左右，它们对短期批发融资的依赖度大幅下降。

除了这些“看得见，摸得着”的收益，一些证据表明，风险管理、内部控制以及大公司的治理也有所改善。但大公司在这些方面还有待进一步改进，监管者们也将对此持续密切关注。我前面提到的近几年来违规情况破坏了对大型企业风险管理和控制的信心，这对金融稳定有负面影响。美联储已经并将继续采取迅速而有效的行动，以确保公司将重点放在风险管理的实践上，并不断予以加强。

美联储监督的大型企业在评估企业风险方面越来越具有前瞻性，这有助于提高它们抵御重大财务压力的能力，并进而增强了企业的财务稳定性。这些新观点大部分来自我们的资本和流动性审查，其要求公司和监管者都对未来进行财务预测，而不是单纯地依靠当前和过去的表现。同样，我们也要求相关公司规划和安排可能的公司清算的办法，这迫使它们更仔细地考虑其商业模式和公司结构的可持续性。

我们目前有了比危机之前更加一致的全行业统一的对风险和脆弱性的看法。对个别企业的关注仍然是极端重要的，但我们现在采用更系统的方法，同时对多个企业的问题进行审查。这些审查使我们能够发现大公司共同存在的问题和一些不可接受的不端行为，从而使我们能够采取有效的行动。

最后，我相信国会颁布的“解决问题”机制以及我们与联邦存款保险公司开展的关于大型机构的工作，减少了大型企业失败给金融体系带来的风险，从而有效减缓了“太大而不能倒”类型企业的问题。目前这些规模最大的公司们制定的计划仍然存在一些缺陷，但是美联储已经要求并期待这些机构在未来几个月取得实质性进展，这将使公司和政府有能力更好、更有序地处理一个失败大机构的问题[①]。

通过我今天描述的这一行动和其他行动，我们的目标是尽一切可能，避免严重金融危机的可怕威胁和持久性破坏。我们不能消除再次发生危机的可能性，但我们可以通过限制被监督公司的过度冒险行为，确保最具系统重要性的企业更好地应对危机，从而减少危机发生的可能以及危机带来的破坏。

我们的努力会集中在最大的公司上，因为它们对金融体系以及支持家庭和企业的金融需求至关重要。通过努力促进大公司的安全和健康，美联储正在努力确保这些银行和其他许多银行能够继续为纽约人民和美国的每一个社区服务。

① 见美联储理事会和联邦存款保险公司，“机构提供反馈关于‘第一波’申报者的第二轮解决计划”，联合新闻稿，2014，8月5日，www. federalreserve. gov/newsevents/press/bcreg/20140805a. htm。

美联储货币政策工具包：过去、现在和未来

耶伦主席

“设计未来的弹性货币政策框架”研讨会上的讲话

杰克逊霍尔，怀俄明州

2016年8月26日

全球金融危机和经济衰退给世界各国央行带来了艰巨的挑战，但同时也推动了货币政策设计、实施和沟通方面的创新。随着美国经济已接近联储设定的最高就业和价格稳定目标，这次会议提供了一个及时的机会，来总结思考这些经验将如何影响今后的货币政策行为。

本次会议的主题——“设计未来的弹性货币政策框架”，涵盖了货币政策的诸多方面，包含了从金融市场实施政策的细节到更广泛的问题，例如这些政策是如何影响经济的。就实施而言，关键的（政策）选项包括：政策工具的选择，中央银行参与哪一个具体市场，以及中央银行资产负债表的规模和结构。这些话题对美联储来说都非常重要。正如上月联邦公开市场委员会（FOMC）会议纪要所指出的那样，我们正在研究许多与政策实施相关的问题。这些研究最终将会提示联邦公开市场委员会未来如何最有效地执行货币政策。我希望本次会议上的相关讨论将有助于对这些重要问题的进一步理解。

我今天讨论的重点将是我们需要什么样的政策工具，以确保我们的货币政策框架有弹性而且可恢复。特别是，我将专注于我们现有的工具是否足以应对未来的经济下滑。正如我所说的，危机的教训之一是，危机之前我们的工具包不足以应对我们后来面对的一系列经济情况。展望未来，我们恐怕需要保留许多此次为促进经济复苏而发展起来的货币政

策工具。此外，联储内外的政策制定者们还需考虑其他的选项，以确保经济强劲且有弹性。但在谈这些长期问题之前，我想就美国经济近期前景及其对货币政策的潜在影响提一些看法。

当前经济形势与展望

由于家庭支出稳步增长，美国经济活动继续扩大。但自 2014 年年中以来，美元升值持续抑制出口，外国需求疲软，使商业投资依然疲弱。虽然经济增长速度并不快，但足以进一步改善劳动力市场。剔除月度涨跌因素，过去三个月平均每月增加 19 万个工作岗位。今年失业率保持相当稳定，接近 5%，而且其他的劳动力使用指标亦有所改善。通货膨胀继续低于联邦公开市场委员会 2% 的目标，部分是由于能源和进口价格先前下滑的暂时影响。

展望未来，联邦公开市场委员会预计真实国内生产总值（GDP）将温和增长，劳动力市场将进一步增强，通货膨胀率将在未来几年上升至 2%。基于这一经济前景，联邦公开市场委员会认为，随着时间的推移，联邦基金利率逐步上涨是合适的，以实现和维持就业率和通货膨胀接近法定目标水平。事实上，鉴于劳工市场表现持续稳健，以及我国经济活动和通胀前景预测，我相信联邦基金利率上升的概率在近几个月内有所加强。当然，我们的决定还取决于新数据在多大程度上支持委员会对前景的预判。

和以往一样，经济前景不明朗，所以货币政策也不确定。我们预测联邦基金利率如何随着时间推移而变化的能力相当有限，因为货币政策需要应对任何对经济的干扰影响。此外，符合双重目标（就业率和通货膨胀）的短期利率水平会随时间推移而变化，以应对事先无法预测的经济情况的变化。由于这些原因，联邦基金利率的可能范围相当广泛，如同你们分发材料的第一点所显示的那样。中间的线是联邦基金利率的中位数，基于联邦公开市场委员会6月发布的经济预测总结[①]。而阴影区域，是根据私人和政府预测者的历史准确性画出的，显示联邦基金利率将有70%的概率在明年年底处于0和3.25%之间，2018年年底处于0和4.5%之间[②]。（利率）区间较宽的原因是，经济频繁受到冲击，因此预期往往和现实不一致。当冲击发生，经济前景发生变化时，货币政策需要调整。然而，我们知道，我们需要一个政策工具包，以使我们能够应对各种可能的情况。

危机前的工具包

在金融危机之前，联储的货币政策工具包比较简单，并且在当时的环境下有效。我们的主要工具包括公开市场操作，以管理银行业可用的储备余额[③]。这些操作又反过来影响了联邦基金市场的利率，（在联邦基金市场）储备金不足的银行会从储备金富余的银行借款。在危机发生之前，储备金的数量一般都比较小——大约只有450亿美元左右[④]，因此，即使是小型的公开市场操作也会对联邦基金利率产生重大影响。然后，联邦基金利率的变化会被传递至其他短期利率，进而影响长期利率和总体金融状况，从而影响通货膨胀和经济活

---

① 2016年6月经济预测汇总（SEP）是2016年6月FOMC会议记录的增补，可在联储董事会网站 www.federalreserve.gov/monetarypolicy/files / fomcminutes20160615.pdf 查阅。

② 置信区间等于（根据12.5个基点的下限）联邦基金利率的平均SEP路径加上或减去三个月国库券的平均均方根预测误差（RMSPEs）。根据过去20年的预测误差，提供从零到九个季度的视野。平均RMSPE计算为以下预测者RMSPE的平均值，视所涉及范围的可用情况而定：联邦储备委员会工作人员（绿皮书/ Tealbook），行政部门，国会预算办公室，蓝筹共识预测和专业预报员调查。预测精度的差异在统计学上并不显著。有关使用历史预测误差构造置信区间的一般方法的更多信息，请参阅 David Reifschneider 和 Peter Tulip，2007，"从历史预测错误判断经济展望的不确定性"，《金融与经济讨论丛刊》，2007，华盛顿：联邦储备系统理事会，11月，www.federalreserve.gov/pubs/feds/2007/200760/200760pap.pdf。

③ 当时的公开市场操作主要是基于国库券的回购协议，以主要交易商为交易对手。

④ 存款机构的储备包括金库和现金储备银行。超额准备金是超出规定储备金的储备金。请登录 www.federalreserve.gov/monetarypolicy/reservereq.htm 查阅。

动。这个简单轻便的系统允许联储以相对较小的资产负债表运作——在危机前不到 1 万亿美元——其规模主要取决于是否有足够的美元来满足需求①。

全球金融危机揭示了上述简单工具包的两个主要缺点。一是一旦储备不再稀缺，将不再能够控制联邦基金利率。从 2007 年年底开始，面对严峻的金融市场困境，联储制定了使信贷流向家庭和企业的计划②。这些贷款有助于稳定金融体系。但是，如果对这些信贷计划产生的额外储备放任不管，将会降低联邦基金利率，使其远低于 FOMC 的目标。为了防止这样的结果发生，美联储采取了几个步骤来抵消（或“消毒”）流动性和信贷运营对储备的影响③。然而，到了 2008 年秋季，我们流动性和信贷项目的储备效应已几乎太大，导致无法通过资产销售和其他现有工具“消毒”。如果没有足够的“消毒”能力，储备的数量将大到美联储难以对联邦基金利率进行有效控制。

当然，到 2008 年年底，将联邦基金利率稳定在高于零的水平并不是需要立即担忧的问题，因为经济显然需要非常低的短期利率。面对失业率急剧上升和通货膨胀下滑，FOMC 将联邦基金利率目标调低至接近于零，比上一年半之前下降了大约 5 个百分点。尽管如此，至少在事后看来，各种政策基准都要求在经济低迷时，把联邦基金利率维持在显著

---

① 查看董事会的“储备金要求”网页。在金融危机之前，美联储资产负债表的规模约为 9000 亿美元。资产几乎全部是国债。负债包括公众持有的货币和相对较少的储备余额。有关美联储资产负债表的更多信息，请参阅 www. federalreserve. gov/monetarypolicy/bst_ fedsbalancesheet. htm。

② 美国联邦储备理事会（FED）的信贷和流动性计划的信息，这些计划是针对金融危机而实施的，详见 www. federalreserve. gov/monetarypolicy/bst_ crisisresponse. htm。

③ 储备资金从银行体系中被抽出最初是采取证券到期后本金不再进行再投资的形式进行，后来又采取出售持有证券的形式进行。2008 年 9 月，财政部宣布了临时补充融资计划，将与国库例行借款分开的一系列国库券拍卖的收益存入纽约联邦储备银行。这个账户中的资金用来从银行系统中吸引储备金。

低于零的水平[①]。这样做是不可能的，这凸显了危机前政策工具包的第二个严重局限：无法产生比零联邦资金利率更广的适应性。

我们扩展后的工具包

为了应对金融危机带来的挑战以及随后的严重衰退和缓慢复苏，美联储大幅度扩大了货币政策工具包。2006 年，国会通过了允许美联储从 2011 年起开始支付银行储备余额利息的计划[②]。2008 年秋天，国会将生效日期提前至 2008 年 10 月。这个权力是十分必要的。通过支付储备余额的利息，美联储能够打破储备数量与联邦基金利率水平之间的紧密联系，从而允许美联储在储备充足的情况下控制短期利率。特别是，一旦经济状况需要更高的市场利率水平，美联储可以提高超额准备金支付的利率——IOER 利率。较高的超额准备金利率（IOER）鼓励银行提高它们收取的利率，无论银行准备金水平如何，都会对市场利率施加上行压力。

虽然调整 IOER 利率是储备充足情况下调整市场利率的有效方法，联邦基金利率一般都低于这个水平。联邦基金利率的这种相对软性，部分反映了只有存款机构才能获得 IOER 利率的事实。为了给短期利率加以更

---

① 考虑以下政策规则：$R(t) = R^* + \pi(t) + 0.5[\pi(t) - \pi^*] - 2.0[U(t) - U^*]$，其中 R 是联邦基金利率，R^* 是调整后的联邦基金利率的长期正常值，π 是核心 PCE 通货膨胀的 3/4 均线，π^* 是 FOMC 的通货膨胀目标（2%），U 是失业率，U^* 是长期正常的失业率。基于 FOMC 参与者最新的长期预测，R^* 约为 1%，U^* 约为 4.8%。因此，随着失业率攀升至 10%，2009 年核心 PCE 通胀率下降至 1%，这一规定将会使在经济衰退的深处将联邦基金利率降至零下 9%。相比之下，标准的泰勒规则，即对资源利用率的一半响应，将规定使用相同的 R^* 和 U^* 估计值将联邦基金利率降低。对于联邦基金利率在十年内下滑至有效下限之前，更为积极的规则做了相当好的考虑，参见 David Reifschneider (2016)，"衡量联邦公开市场委员会的反应能力及未来的衰退"，《金融与经济讨论系列》，2016 - 068，（华盛顿：联邦储备系统理事会，8 月），www.federalreserve.gov/econresdata/feds/2016/files/2016068pap.pdf。有关标准泰勒规则的更多信息，请参阅约翰·B. 泰勒（John B. Taylor）（1993），"自由裁量权与政策规则的实践"，卡内基—罗切斯特公共政策系列会议，39（12 月），第 195 - 214。

② 支付储备利息是中央银行，包括英格兰银行、日本银行和欧洲中央银行常用的工具。

有效的底线，美联储根据需要创建了补充工具。例如，隔夜逆向回购协议（ON RRP）工具可用于一系列对手方，包括符合条件的货币市场基金、政府支持的企业、经纪商和存款机构等。通过这种方式，符合条件的交易对手方可以隔夜投资于联储，利率由FOMC预先设定。类似于支付IOER，ON RRP工具不鼓励参与机构以大幅低于美联储提供的利率进行贷款①。

我们目前的工具包在去年12月份被证明有效。在有充足储备的环境下，FOMC提升了实际的联邦基金利率——即该市场参与者之间的联邦基金交易的加权平均利率——并提升了所期望的金额，并且自此后维持了联邦基金利率在目标范围之内。

美联储工具包的另外两个主要增加是：大规模的资产购买和越来越明确的前瞻性指导②。这两个增加都是在短期利率接近于零后用来提供额外货币政策调节的工具。我们在公开市场购买国债和抵押贷款相关证券，推低了数百万美国家庭和企业的长期借款利率。扩大远期利率指引——宣布我们打算在更长的时间内将短期利率维持更低的水平——同时也对长期借贷利率构成下行压力，还就我们资产购买的规模和范围给出更多指引。

鉴于经济复苏缓慢，有人开始质疑资产购买及扩大远期利率指导的有效性。但这种批评却没有考虑到危机后经济面临的异常“逆风”。这些“逆风”因素包括大量的家庭和企业去杠杆化，来自国外的不利的需求冲击，紧缩财政政策，尤其是对住房紧缩的信贷紧缩。研究发现，我们的资产购买和扩大的远期利率指引给长期利率带来了明显的下行压力，因此刺激了商品和服务的需求增长，降低了失业率，防止了通货膨

① 其他可能有助于加强短期利率底线但目前未被使用的工具包括定期存款融资和逆向内回购协议。

② 在危机之前，美联储偶尔使用有关未来利率可能走向的前瞻性指导，但是这种指导通常限于相对较短的时间范围内。

胀进一步下降至我们提出的2%的目标以下①。

联储这两个最重要的新工具——对超额准备金支付利息（IOER）和进行资产购买的权利——的互动也非常重要。如果没有IOER权力，鉴于控制货币政策立场的长期影响，美联储恐怕不会愿意购买这么多的资产。在我们大力购买资产，以帮助美国经济摆脱严重衰退的时候，同时我们必须记住，是否以及如何在适当情况下取消货币政策调节。这个问题尤其重要，因为我们通过建立储备来资助我们的资产购买，而这些额外的储备，将使危机前工具包在需要提高短期利率时变得更加困难。

FOMC考虑取消（货币政策）调节时，首先减少资产持有量（包括通过资产出售），并在资产负债表大幅度收缩后才提高联邦基金利率。但是我们决定不采用这种方法，因为我们预测资产负债表变化对经济影响的能力，要低于联邦基金利率变化对经济影响的能力。如果资产卖得太慢，可能会出现过度的通货膨胀压力。相反，如果资产出售过快，可能会导致金融市场和经济不稳定。事实上，2013年所谓的“QE缩减恐慌症”说明了，预测金融市场对资产负债表“资产买卖”公告的反应十分困难。考虑到大规模资产出售带来的不确定性和潜在成本，FOMC决定主要通过调整短期利率，而不是积极管理资产持有量来去除

① 例如，参见拉斯金，朱莉·雷马什和布赖恩·萨克（2011），“美联储的大规模资产购买的金融市场效应”，《国际中央银行杂志》第一卷，7（3月），第3－43页，www. ijcb. org/journal/ijcb11q1a1. htm；和Stefania D´Amico，William English，DavidLópez－Salido，Edward Nelson（2012年），“美联储的大规模资产购买计划：理由和影响”，《经济期刊》第一卷。此外，美联储的前瞻性指导和资产购买政策估计有助于降低失业率和提高通货膨胀率。见Eric M. Engen，Thomas Laubach和David Reifschneider（2015），“美联储非常规货币政策的宏观经济效应”，“金融与经济讨论丛书”2015－005，（华盛顿：联邦储备系统理事会，1月），http：// dx . doi. org / 10. 17016 / FEDS. 2015. 005。

货币政策调节[1]。该策略——一旦经济复苏得到充分推进，则提高短期利率，同时保持较大的资产负债表和充分的银行储备——取决于我们是否有能力支付超额准备金的利息。

我们要从这里走向哪儿?

联储工具包的未来会怎样？对于初学者来说，我们利用储备利息的能力可能会在未来几年中发挥关键作用。这部分反映了我们今后几年资产负债表的前景。正如FOMC在近期声明中指出的那样，在联邦基金利率上调的过程中，我们将停止或逐步停止把所持证券偿还的本金再投资。一旦我们停止再投资，我们持有资产会在几年的时间——包括为持有资产提供资金的银行准备金——下降到更为正常的水平。但即使准备金大幅下降，IOER仍然是重要的应急工具，因为我们可能需要在未来的经济衰退期间购买资产，以补充传统的利率下调[2]。现在的预测显示，联邦基金利率在长期看设在3%左右[3]。与此形成鲜明对比的是，

---

① FOMC的“政策正常化原则和计划”呼吁以“逐步和可预测的方式主要通过停止再投资（系统公开市场账户）中持有的证券本金”（联邦储备系统理事会，2014），逐步减少美联储证券持有量，美联储发布FOMC关于“政策正常化原则和计划”的声明，新闻稿，9月17日，第二号，www. federalreserve. gov/newsevents/press/monetary/20140917c. htm ）。与这些计划一致的是，联邦公开市场委员会预计它将维持目前的再投资策略，“直到联邦基金利率水平正常化”，见联邦储备系统理事会，2015，“美联储发布联邦公开市场委员会声明”，新闻稿，12月16日第5段，www. federalreserve. gov/newsevents/press/monetary/20151216a. htm 。

② 如果联邦公开市场委员会要再次增加资产负债表的规模以应对未来的经济衰退，在随后的恢复期，支付储备利息的能力可能至关重要，这样可以帮助控制短期利率，同时使资产负债表保持高位。除了保留IOER的动机之外，对储备金支付利息的能力的运作对于一些特殊的流动性和信用提供机制也非常重要，这些机制对于应对将来危机产生后的系统性动荡很有益处。尤其是，这些机制可以大幅度扩大储备的供给，如果联邦公开市场委员会希望保持短期利率下降到零，这将会带来问题。

③ 在2016年6月1日发布的“蓝筹财务指标”调查中预测，联邦基金利率的较长期水平为3.2%。联邦公开市场委员会2016年6月的与会者认为长期来看可能会更低一些，其预测的中位数为3%（见2016年6月SEP表1，可从www. federalreserve. gov/monetarypolicy/fomcminutes20160615ep. htm 获得）。政府最新的长期预测（www. whitehouse. gov/sites/default/files/omb/budget/fy2016/assets/16msr. pdf ）也接近3%，也和国会预算办公室在今年早些时候的预测一致（见 www. cbo. gov/about/products/budget_ economic_ data ）。

该利率在1965年至2000年间平均超过7%。因此，我们预期利率的降幅将显著低于历史水平。

目前对于未来联邦基金利率处于低水平的预期，部分反映了FOMC将通货膨胀率稳定在2%左右的成功——该通胀率远低于20世纪70年代和80年代的水平。另一个关键因素是，从长期来看，过去十年来国内外中性实际利率显著下降了——即在一段时间以来，经通货膨胀调整后的短期利率使产出基本达到其潜在水平①。一些事件的发展可能导致了这种明显的下降，包括许多国家中劳动年龄人口增长放缓，发达经济体生产率提高幅度变小，自20世纪90年代全球金融危机之后的总体支出下降，以及世界范围内吸引资本的项目也在减少等②。虽然这些因素可能有助于解释为什么债券收益率在国内和国外下降到目前如此低的水平，但我们对推动利率长期变动趋势的力量理解仍然有限，因此在这些领域的所有预测都是非常不确定的③。

联邦基金利率维持在平均3%的水平是否会影响联储抵御衰退的能

---

① 由Laubach和Williams（2003）提出的模型的最新估计表明，美国实际的长期中性或“均衡”短期利率目前约为2% -0.5%（见Thomas Laubach和John C. Williams，2003，“衡量自然利率”，《经济学和统计学评论》第85卷（11月），pp. 1063 - 1070；更新的估计数可在www. frbsf. org/economic - research / economists / john - williams / Laubach_ Williams_ updated_ estimates. xlsx获得。）另外，Holston，Laubach和Williams（2016）发现了平衡的显著下降，见Kathryn Holston，Thomas Laubach和John C. Williams（2016），“衡量自然利率：国际趋势和决定因素”，工作文件，2016 - 11（旧金山：联邦储备银行6月），www. frbsf. org/economic - research/files/wp2016 - 11. pdf ）。

② 为了讨论这些因素在解释目前美国和其他发达经济体利率水平方面可能发挥的作用，请参阅Lawrence H. Summers（2014年），“美国经济展望：世俗滞留，迟滞和零下界“《商业经济学》第一卷，49（April），第65 - 73页；罗伯特·戈登（Robert J. Gordon，2014）：“美国经济增长的消亡：重述，反驳和反思”，《NBER工作文件》（剑桥，马萨诸塞州：国家经济研究局，2月），www. nber. org/papers / w19895；和本·伯南克，2015，“为什么利率如此之低，第二部分：长期的停滞”，本·伯南克博客，华盛顿：布鲁金斯学会，3月31日，https：//www. brookings. edu/2015/03/31/why - are - interest - rates - so - low - part - 2 - secular - stagnation。

③ 例如，见James D. Hamilton，Ethan S. Harris，Jan Hatzius和Kenneth D. West（第二部分），《NBER工作文件》，剑桥，马萨诸塞州：国家经济研究局，8月，www. nber. org/papers/w21476；和奥利维尔·布兰查德，2016，“美国财政收益率曲线的三个备注”，《实时经济问题观察》，（华盛顿：彼得森国际经济研究所，6月22日），https：//piie. com/blogs/realtime - economic - issues - watch/three - remarks - us - treasury - yield - curve。

力？根据FOMC在以往经济衰退中的表现，可能会认为如此低的利率会大大削弱政策的有效性。正如在会议分发材料的表格第一列所示，在过去的九次经济衰退中，FOMC将联邦基金利率下调的区间介于约3个百分点到10个百分点。平均而言，FOMC利率下调约5.5个百分点，这似乎表明FOMC在应付平均规模的经济衰退时，将会面临约2.5个百分点的不足。但是这个简单的比较夸大了以零为下界的政策的局限性。如第二栏所示，过去七次经济衰退开始时的联邦基金利率均显著高于长期运行的潜在经济水平。在大多数情况下，这种经济衰退前比正常情况更为严格的政策立场，似乎反映了初期高于正常水平劳动就业率和高通胀压力的组合。其结果是，这些经济衰退期间发生的大部分降息，代表了对初期货币政策的纠错。当然，这种情况今后可能会再次发生。但如果发生，经济衰退初期的联邦基金利率将远高于正常水平，FOMC将能够将短期利率大幅降低3个百分点以上。

最近的一篇文章采取了不同方式来评估FOMC应对未来衰退的能力，即通过使用FRB / US模型模拟①。这一分析先假设可以无限制地降低联邦基金利率，且政策制定者遵循相当积极的政策规则，经济会如何应对一系列极度不利的冲击②。然后，假设在零利率的下限条件下，

---

① FRB/US模型模拟分析这个问题有几个好处。首先，模型的结构允许公众对利率、通货膨胀和其他因素的预期充分考虑到名义利率的有效下限、未来货币政策的变化以及前瞻性指导和资产购买等因素。此外，该模型还考虑了如下一些因素，例如近年来通货膨胀对资源利用率变动的响应性较低，资产购买对期限溢价，以及各种长期利率、股票价格和外汇美元的价值。关于使用FRB / US模型研究这个问题的优点（和可能的缺点）的进一步讨论，请参阅Reifschneider，“衡量FOMC应对未来衰退的能力”，注8.20。

② 积极进取规则是$R(t)=1.0+\pi(t)+0.5[\pi(t)-2]-2.0[U(t)-4.8]$，其中$R$是联邦基金利率，$\pi$是核心$PCE$通货膨胀的四季度移动平均值，$U$为失业率［注：2016年8月30日，规则公式中的拼写错误被修正，即把“$[4.8-U(t)]$”改为“$[U(t)-4.8]$”］。请注意，模拟分析中使用的均衡实际利率、自然失业率和目标通货膨胀率的基准值分别为1.0%，4.8%和2.0%，这和最新的FOMC参与者的长期预测的中位数相一致。正如泰勒（Taylor，1999）所讨论的那样，这一规则似乎在稳定各种经济模型中的实际活动和通货膨胀方面做得很好（见John B. Taylor，1999，“Introduction”，John B. Taylor，ed.，《货币政策规则》，芝加哥大学出版社，第1－14页。）

询问是否前瞻性指导和资产购买的组合足以产生至少与没有利率下限一样的政策结果，即一样好的经济情况。总的来说，研究结论是，即使未来联邦基金利率平均水平只有3%，这些新的工具应该是足够的，除非经济衰退非常严重并持续很久。

讲义中的图2（见文末）说明了这一点。它显示了三种不同的货币政策反应下的利率、失业率和通货膨胀率的模拟路径——没有零利率下限约束的积极进取规则，有约束的积极进取规则，以及有约束的积极进取规则加上2万亿美元资产购买和联邦基金利率将不会维持长期低利率的（前瞻性）指导①。如长虚线所示，如果政策不受限制，联邦基金利率将远低于零，从而导致长期利率大幅下降。但尽管有下限，资产购买和前瞻性指导可使长期利率比无约束的情况更低（特别是通货膨胀调整后），通过降低期限溢价和增加预期形成未来短期利率平均值的下行压力。因此，使用这些工具可以为失业和通货膨胀带来更好的结果。

当然，这种分析可能过于乐观。首先，FRB / US模拟可能会夸大前瞻性指导和资产购买的有效性，特别是在长期利率也可能保持在异常低位的情况下②。此外，决策者在未来降低短期利率的能力可能低于模拟假设。通过计算，真实中性利率目前接近于零，而如果生产率继续缓

---

① 经济衰退开始时被提供的前瞻性指导有三个组成部分。首先，联邦基金利率将比规定约定的更快的速度被降至零。其次，只要失业率高于5%，联邦基金利率就会维持在零。最后，在联邦基金利率初步上涨之后，政策制定者们将逐渐回归到政策规定的条件。

② 如图2所示，模拟中的10年期国债收益率刚刚开始4%，远低于危机前的水平，这表明未来长期利率下调的空间可能会比过去减少。另外一个可能的原因是FRB / US的假设，无论是短期利率变动还是短期利率预期路径的变化，都对实际活动产生同样的影响。参见Michael T. Kiley (2014)，“短期和长期利率的总需求效应”，《国际中央银行学报》，第一卷，10（12月），第69－104页，www. ijcb. org/journal/ijcb14q4a3. pdf。另一方面，FRB / US模型的前瞻性指导的有效性比其他一些模型要小得多，这意味着FRB / US模拟结果可能低估了宣布低于预期指标所提供的刺激。参见Hess Chung，“三种宏观模型中的前向指导的影响”，FEDS注释（华盛顿：联邦储备系统理事会，2015年，2月26日）https：//www. federalreserve. gov/econresdata/notes/feds－notes/2015/effects－of－forward－guidance－in－three－macro－models－20150226. html。

慢增长，同时全球储蓄率持续高涨，它可能会保持在这个低水平[①]。如果是这样，那么名义联邦基金利率的平均水平可能只有2%，意味着资产购买和前瞻性指导工具可能不得不被用至极致以提供额外的补充[②]。而且，过度依赖这些非传统工具可能会产生意想不到的后果。例如，如果未来的决策者为了应对严峻的危机，即使在经济已经大部分恢复之后，仍宣布他们打算在很长一段时间把联邦基金利率维持在接近零的水平并予以执行，那他们可能会无意中鼓励那些过度冒险的行为，从而破坏金融稳定。

最后，鉴于目前几乎已无空间削减联邦基金利率，模拟分析肯定夸大了FOMC目前对经济衰退的反应能力。但是，这并不意味着如果目前的经济扩张在近期根基不稳的话，美联储无法提供实质的调节。除了将联邦基金利率下调至接近零，FOMC可以恢复资产购买，并宣布打算将联邦基金利率保持在这一水平，直到市场条件明显改善——尽管长期利率已经很低，其净刺激结果可能会有所减少。

尽管有上述这些说明，我仍预计前瞻性指导和资产购买仍将是美联储政策工具包的重要组成部分。此外，美联储和其他监管机构继续尽全力确保强有力的金融体系，这也至关重要。也就是说，这些工具不是万能的，未来的政策制定者可能会发现他们不足以应对严重的长期的经济衰退。由于这些原因，政策制定者和广大社会各阶层可能希望探索更多的选择来帮助促进经济的强劲增长。

---

① 原则上，长期运行的联邦基金利率也可能会低于目前预测的通货膨胀率，保持在2%以下。然而，由于劳动力市场足够紧张，随着时间的推移，通货膨胀率可能会更高，只要美联储承诺实现其通胀目标，这一风险似乎就会降低。在Reifschneider报告的模拟中，克服严重衰退期间零下限的影响将需要约4万亿美元的资产购买，并承诺如果平均未来水平的联邦基金利率只有2%。

② 在Reifschneider编制的名为*Gauging the Ability of the FOMC to Respond to Future Recessions*报告注释8中描述到，在一个极度严重的衰退中，为了克服零利率下限的限制，需要进行数量为4万亿美元的资产购买计划，而且在联邦基金利率只有2%的情况下，还需要给市场承诺：市场利率还要在更长时间内保持低位。

在货币政策方面，未来的决策者可能会选择考虑一些其他中央银行采用的额外工具，虽然把它们加入我们的工具包之前，需要非常仔细地衡量成本和收益，在某些情况下还可能需要立法。例如，未来的决策者可能希望探索购买更多类别资产的可能性。除此之外，一些观察人士建议提高 FOMC 的 2% 通胀目标，或者通过其他货币政策框架（如价格水平或名义国内生产总值目标）实施政策。然而，我要强调的是，FOMC 并没有积极考虑这些额外的工具和政策框架，虽然它们是研究的重要领域。

除了货币政策之外，财政政策在应对严重的经济衰退中一直扮演着重要的角色。一系列可能的财政政策工具和方法可以增强经济的周期稳定性[①]。例如，可以采取措施提高自动稳定器的有效性。一些经济学家提出，在衰退期间可以给州和地方政府提供更多的财政支持。与往常一样，需要确保财政政策的任何变化都不会使得长期财政的可持续性打折扣，这一点十分重要。

最后，也是最雄心勃勃想达到的目标：作为一个社会，我们应该探索生产率增长的途径。更高的生产率增长往往会提高平均利率水平，因此在经济衰退的情况下，美联储将有更大的空间来放松货币政策。更重要的是，强劲的生产率增长会提高美国人的生活水准。虽然在货币政策这个狭窄的领域之外，这个领域的很多可能做法都值得我们考虑，包括：改善我们的教育制度和增加对工人培训的投资；促进私人和公共资

---

① 关于如何提高财政政策对稳定经济有效性的进一步讨论，见 Xavier Debrun 和 Radhicka Kapoor（2010 年），“财政政策和宏观经济稳定”，国际货币基金组织工作文件 WP / 10/111（华盛顿：国际货币基金组织，5 月），https：//www. imf. org/external/pubs/ft/wp/2010 /wp10111. pdf ；AntonioFatás 和 Ilian Mihov（2012 年）；“作为稳定工具的财政政策”，《宏观经济学杂志》，第一卷。12（10 月），第 1 – 66 页；国际货币基金组织（2015 年），“财政政策能否稳定产出?”《财政监测》（华盛顿：国际货币基金组织，4 月）第 2 章，第 21 – 48 页，https：//www. imf. org/external/pubs/ft/FM/2015/01/PDF/fmc2. pdf ；Alisdair McKay 和 Ricardo Reis（2016），“自动稳定器在美国经济周期中的作用”，计量经济学卷，84（1 月），第 141 – 194 页。

本投资与研究开支；在保护重要经济、金融和社会目标的同时，寻求减轻监管负担的方法。

结论

尽管财政政策和结构性改革可以在加强美国经济中发挥重要作用，但我今天的主要观点是，我预期货币政策仍将继续对促进经济平稳、健康起到至关重要的作用。帮助联储应对金融危机和大萧条的新政策工具，可能在应对未来经济低迷时仍然有用。有可能我们还需要其他工具，这些是需要研究和讨论的课题，但即使平均利率仍然低于过去，我认为在大多数情况下，货币政策将能够有效应对相关的问题。

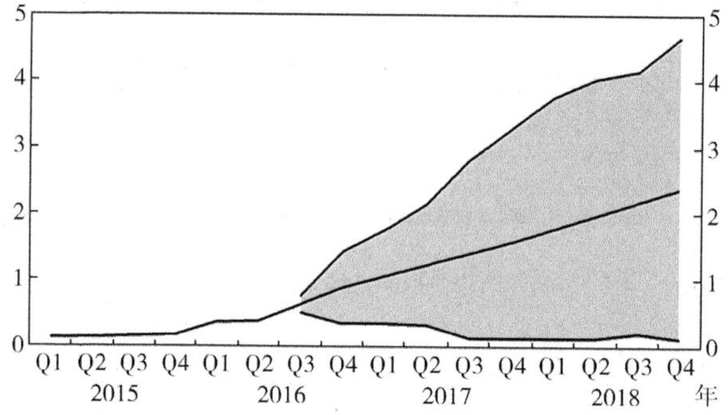

图 1　联邦公开市场委员会成员 2016 年 6 月联邦基金利率预测中位数

注：阴影区域显示 70% 置信区间。置信区间等于 FOMC 成员预测的年度末基金利率路径（按季度插值）的中位数，加上或减去过去 20 年来私人和政府预测者提前 0 至 9 个季度的平均均方根预测误差，实际下限为 12.5 个基点。

资料来源：2016 年 6 月经济预测和联邦储备委员会工作人员总结。

过往经济衰退以及经济状况下的常规货币宽松

衰退日期	常规货币宽松总额（%）①	货币政策开始放松后的估计态势（%）②	经济衰退中12个月核心PCE通胀率峰值	经济衰退开始时的劳动力利用率（%）③
1957年8月至1958年4月	2.9	—	3.2	-1.3
1960年4月至1961年2月	2.8	—	2.1	-0.3
1969年12月至1970年11月	5.5	0.5	4.8	-2.4
1973年11月至1975年3月	7.7	3.0	10.2	-1.4
1980年1月至1980年7月	4.8	3.2	9.1	-0.2
1981年7月至1982年11月	10.4	7.1	8.8	1.0
1990年7月至1991年3月	5.3	1.7	4.3	-0.4
2001年3月至2001年11月	4.8	1.9	2.0	-0.8
2007年12月至2009年6月	5.1	1.9	2.3	0.1

注：①对于1990年以前的经济衰退，宽松总额是有效联邦基金利率在经济衰退开始前六个月至结束后六个月的最大月平均值和最小月平均值之差，在过去的三次经济衰退中，联邦基金利率不断下降的时期是1990年6月至1992年9月，2000年12月至2002年1月，以及2007年8月至2008年12月。

②联邦基金利率（减去核心个人消费支出PCE价格指数的12个月百分比变化及其实际均衡价值（R^*）的差值，采用Laubach和Williams（2007）模型所估计的值。表格中的数字来自Lafach－Williams模型的更新的R^*估计值计算，可从www.frbsf.org/economic－research/economists/john－williams获得。

③采用居民失业率减去国会预算办公室对长期自然失业率的估计。

④采用四季度滚动加权PCE价格指数变化数据

资料来源：David Reifschneider（2016），“衡量联邦公开市场委员会应对未来衰退的能力”，《金融与经济讨论系列》，2016－068（华盛顿：联邦储备系统理事会，8月），www.federalreserve.gov/econresdata/feds/2016/files/2016068pap.pdf。

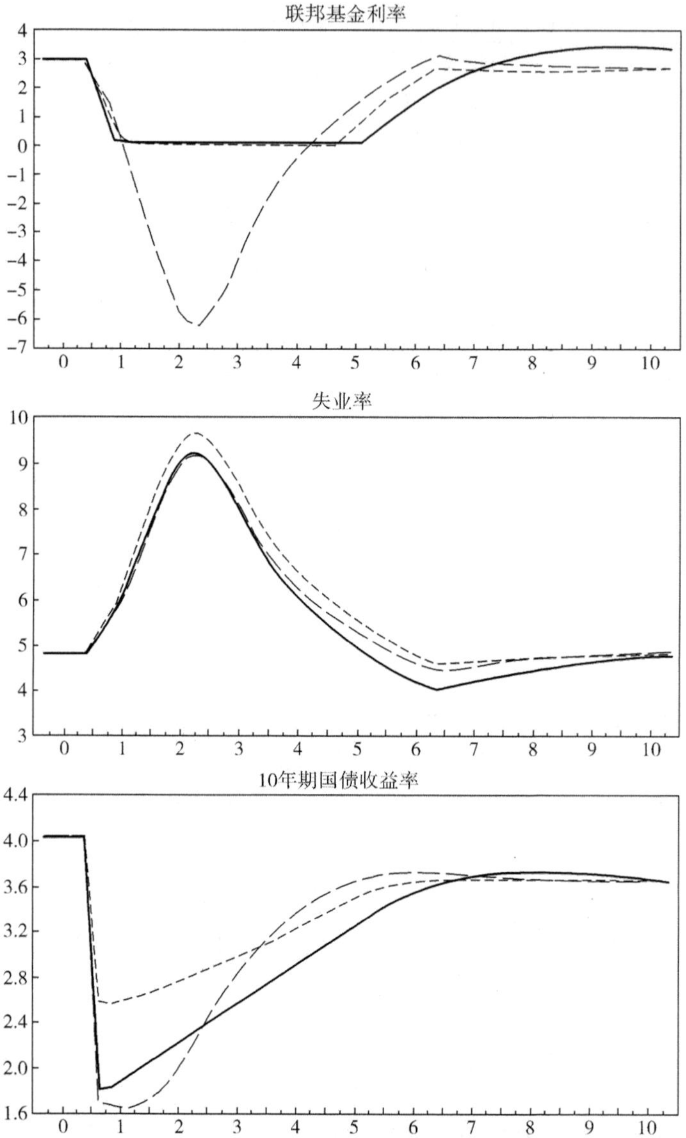

图 2　使用“更低利率、更长期限”的前瞻指导以及 2 万亿美元资产购买计划以补偿经济衰退期间的联邦基金利率有限的削减能力

····受限的政策规则　- - 不受限制的政策规则　—联邦基金利率限制政策规则与现金指导和资产购买

资料来源：David Reifschneider（2016），“衡量 FOMC 应对未来走势的能力”，《金融与经济讨论系列》，2016 - 068（华盛顿：联邦储备系统理事会，8 月），www. federalreserve. gov/econresdata/feds/2016/files/2016068pap. pdf。

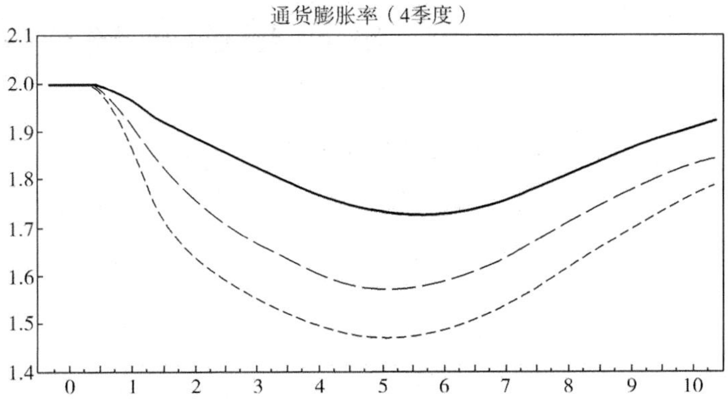

图2　使用“更低利率、更长期限”的前瞻指导以及2万亿美元资产购买计划以补偿经济衰退期间的联邦基金利率有限的削减能力

····受限的政策规则　- -不受限制的政策规则　—联邦基金利率限制政策规则与现金指导和资产购买

资料来源：David Reifschneider（2016），“衡量FOMC应对未来走势的能力”，《金融与经济讨论系列》，2016－068（华盛顿：联邦储备系统理事会，8月），www. federalreserve. gov/econresdata/feds/2016/files/2016068pap. pdf。

危机后的宏观经济研究

耶伦主席

波士顿联邦储备银行第60届年度经济会议上的讲话

波士顿，马萨诸塞州

2016年10月14日

极端的经济事件经常会挑战经济学家对经济如何运行的看法，并会暴露集体共识的缺陷。举两个众所周知的例子：20世纪30年代的“大萧条”和20世纪70年代的“滞胀”，都大大激发了人们对经济现象的重新思考。而2008年金融危机及其后的演变，可能是又一个新的转折点。今天，我想反思近年来发生的事情，及其所揭示的经济学家认识的局限性，并提出几个重要问题，期望经济学家们能予以解答。有的问题不是新问题，但由于这次危机变得更为迫切。有的问题则已被本次会议的论文涉及。回答这些问题是美联储及其他政府决策机构的核心工作之一，美联储也正在积极研究以寻找问题的答案。

总需求对总供给的影响

首先需关注的问题是，总供给和总需求之间的区别，即总需求的变化是否会对总供给产生明显且持续的影响？

在大衰退之前，大多数经济学家可能会回答“不”。他们广泛认同罗伯特·索洛（Robert Solow）的看法：从长远看，经济产出主要由供给驱动——即在给定的劳动力、资本和技术条件下，经济有能力产出的产品和服务总量是一定的。与此相反，总需求则用于解释短期波动，且是围绕主要由外生供给因素所决定的长期产出趋势波动[①]。这个结论目前看需要重新评估——因为大部分发达国家的经济活动水平都没有恢复到危机之前。这次危机后的情况表明，总需求的变化可能会对总供给（即潜在产出[②]）产生可观、持续的影响。

总需求持续下滑对经济供给产生负面影响（通常简称为“滞后”）的观点，并不是什么新鲜事儿。例如，在20世纪80年代中期，这种可能性在分析欧洲劳动力市场的表现时得到讨论[③]。但是，鉴于许多发达国家在2008年金融危机后经济增长持续放缓，对该观点的研究进一步增加。最新的研究提供了多国的证据表明，历史上类似的严重的、持续的衰退对长期供给有过相同的负面影响。甚至有证据进一步表明，经济衰退几乎主要或完全是由于总需求的冲击导致的[④]。就美国而言，一项研究显示，美国目前的潜在产出水平，比依据危机前经济运行轨迹预测的水平低7%；并且认为，这种供给方的损失，大部分是由于深度萧条和缓慢复苏造成的。[⑤]。特别值得一提的是该研究发现，在危机之后，因移民减少和劳动市场参与率下降，美国劳动力供应有所下降。该下降超出了周期性因素和人口结构因素的影响。同时也反映为危机后的以下现象：劳动生产率增长速度显著放缓，企业资本积累异常缓慢，企业研发支出急剧下降，以及鲜有新公司成立[⑥]。

若假设在经历了深度衰退之后，“滞后”现象在某种程度上确实存

① 参见 Solow（1997）。

② 或者，正如萨默斯（2014）用萨伊定律进行了精辟的反向推演所说的，确实是“缺乏需求导致供应不足”？（第37页）。

③ 正如布兰查德和萨默斯（1986）所讨论的那样，当时欧洲经济体的长期均衡或“自然”失业率是不是由于其以前的实际失业率较高而被永久地提高了。

④ 例如，见 Cerra 和 Saxena（2008年）；霍华德，马丁和威尔逊（2011）；Martin，Nunyan 和 Wilson（2014）；和 Blanchard，Cerutti 和 Summers（2015）。

⑤ 见 Reifschneider，Wascher 和 Wilcox（2015）。

⑥ 然而，Fernald（2015）认为，美国潜在国内生产总值增长明显放缓大部分发生在2007至2009年的经济衰退之前。

在，那下一个问题是：是否可能通过暂时运行“高压经济政策”（包括刺激总需求，增加劳动力市场需求）来扭转这些不利的供给方效果。人们当然可以找到这些似乎合理的手段。例如，增加企业收入、鼓励更多的资本开支几乎必然增加经济产能，尤其是在未来前景不确定性下降的情况下。此外，“紧绷”的劳动力市场可能会吸引那些平常选择不工作的潜在劳动力进入市场；并鼓励劳动力在工作岗位间的转换，形成匹配度更高、更有效率的劳动力配置，从而提高单位生产率①。最后，尽管有不确定性，但强劲的需求还可能通过提升研发开支，增加创业、创新的积极性等多重因素，进一步提升劳动生产率。

“滞后”效应及其是否可能被扭转对货币和财政政策的实施具有极其重要的意义。例如，意识到“滞后”对决策者来说很重要，这样，他们可以更快、更强有力地对衰退做出反应，以减少经济衰退的深度和持续性，从而限制或减少随后而来的“供给方损害”。此外，如果良好的经济状况可以部分扭转“供给方损害”，那么决策者可以在经济复苏期间更加“配合”，而不像传统观点那样，认为供给在很大程度上不依赖于需求（甚至与需求无关）。

我们还需要更多的研究，更好地理解总需求变动对总供给的影响②。从政策角度来看，我们一定要牢记，宽松的货币政策如果维持时间过长可能得不偿失，会增加金融不稳定性或破坏价格稳定的风险。更一般地讲，这种政策的收益和潜在成本仍难以量化，而其他政策可能更

---

① 请参阅 Okun（1973）早期讨论高压经济的好处。重要的是，并不是所有的这些好处都可以作为测量的结果显示出来，但是它们会改善福利。例如，如 Akerlof，Rose 和 Yellen（1988）所指出的，工人和雇主之间更好的匹配可以提高工作满意度。

② 例如，20 世纪 90 年代的经验似乎提供了一个天然存在的案例以研究“滞后反转”是否有可能性。不幸的是，虽然霍尔泽，拉斐尔和斯托尔（2006）调查了雇主在这些年间雇佣技能较低的工人的意愿的变化，但这一时期大多数劳动力市场的研究并没有直接涉及这个问题，而卡茨，克鲁格（1999），我本人和布兰德（2001）的研究则探讨了美国经济在 20 世纪 90 年代后期如何同时经历快速增长，低失业率和低通货膨胀的相关问题。

适于处理对经济供给方的损害。

异质性

第二个问题是，广泛经济群体中个体差异是否会影响总体经济结果——尤其是，这种异质性对总需求有什么影响？

许多宏观经济学家使用的模型中，个体（如家庭或公司）被视为整个集团中的一个“代表”。例如，宏观模型可能会假设单一“平均”家庭行为，以描述所有家庭的总体行为，而不是明确建模，把大量不同家庭的单独行为加在一起。

金融危机之前，所谓的“代表—代理人”模式是分析许多宏观经济问题的主要范式。然而，要理解大衰退的一些关键特点，需要采取“分解”的方法。例如，考虑一下“房屋权益”的下降对消费的影响。一方面，家庭通常为了应对财富下降而减少开支；另一方面，由于房屋价格的下降，家庭拥有的“房屋权益”受到负面的影响，其借贷能力明显下降，这对他们支出的影响可能更为剧烈。而这会改变“房屋权益”（价格）与消费支出在整个经济之间的相关性关系（虽然总体上其相关性仍是扎实的正相关）。如果不用“分解”的数据和模型的话，这样的变化在“加总”的关系中将难以理解或预测。

总的来说，研究家庭和企业的“异质性”影响有助于我们更好地解释经济衰退的严重程度和复苏缓慢的原因。在家庭层面，最近的研究发现，异质性可能会放大不利冲击的影响，这种冲击很大程度上是由家庭财富净值极小的家庭推动的，这些家庭在经济衰退时大幅增加了储蓄并减少了开支[①]。在企业层面，有证据表明财务压力对小企业的招聘以及新企业的启动造成了极大的不利影响，这些因素可能是解释“大萧

---

① 见 Krueger，Mitman 和 Perri（2016）。

条”持续时间长且复苏缓慢的部分原因[①]。更一般地说，如果计划扩张的大企业比小企业获得贷款的渠道更多，投资和就业的整体增长就可能取决于不同大小、不同类型企业的分布。对上述任何问题的量化模型分析都需要使用“异质性—代理人”（而非“代表—代理人”）框架。

经济学家对于财政和货币政策变化如何影响经济的理解，也可从家庭和企业异质性的认识中受益。例如，在货币传导机制的简单教科书模型中，央行主要通过实际利率对消费和投资的影响来运行。一旦考虑到异质性，其他重要渠道就会出现。例如，许多家庭和企业的支出对劳动收入、企业收入或抵押品价值的变化非常敏感，而且又反过来影响了他们获得信贷的机会——货币政策在此只是间接影响条件。研究与异质代理人更密切的货币模型可以帮助我们揭示货币传导机制的这些方面。

虽然经济学界早已意识到这些问题的重要性，但在金融危机之前，这些效应被纳入宏观模型中的程度非常有限[②]。我高兴地看到，现在经济学家们更多地强调异质性可能造成的对宏观经济的影响，包括在美联储经济学家的研究成果中[③]。然而，异质性与总需求之间的各种联系，无论是在经验还是在理论上，都还未被很好地理解。更广泛地说，尽管货币政策工具通常不适用于实现社会分配的目标，但决策者必须了解和监测货币政策所导致的宏观经济变化对社会中不同群体的差异化影响。

---

① 关于企业就业融资约束的作用，见 Siemer（2014），Chodorow - Reich（2014）和 Duygan Bump，Levkov 和 Montoriol Garriga（2015）。Khan 和 Thomas（2013）研究了企业间异质性和信用摩擦的一般均衡模型。宏观经济动态中的进入和退出角色，参见 Clementi 和 Palazzo（2016）以及 Gourio，Messer 和 Siemer（2016）。

② 关于收入和财富异质性与宏观经济之间关系的早期定量研究，见 Krusell 和 Smith（1998）。

③ Guvenen（2011）回顾了与宏观经济有异质性相关的几个问题。有关分销和总体结果之间的相互作用的概述，请参阅 Quadrini 和 Rios Rull（2015）的工作。关于货币政策对具有异质代理人模型的影响的近期工作，请参阅 Kaplan，Moll 和 Violante（2016）。Gornemann，Kuester 和 Nakajima（2016）；Auclert（2016）和 Sterk，Tenreyro（2016）。

金融与实体经济的联系

第三个问题涉及货币政策和宏观经济的一个关键问题，这次会议没有直接涉及，即：金融部门如何与更广泛的实体经济互动?

鉴于房地产泡沫和随后的事件，政策制定者显然需要更好地理解：什么样的事件发展导致金融危机。过度的杠杆积聚与房地产和其他抵押品的价值之间的关系是什么？以及阻碍或促进去杠杆化过程的因素是什么？金融危机造成的经济后果是否取决于危机的具体情况，例如是否涉及家庭资产负债表的广泛破坏？金融企业之间相互联系的性质和程度，以及这些因素如何通过金融体系和整体经济来传导和放大压力？最后，也是最重要的，货币政策和金融监管可以做些什么来减少未来危机的频率和严重程度?

虽然这些问题的范围超出了本次会议的主题，但确实是密切关联的问题。需要考虑（家庭）资产负债表状况和利息之外的信用条件对开支和整体经济活动的影响——正如我刚才指出的那样，尤其重要的是考虑各个家庭和公司之间的差异。当然，对这个问题的研究已经持续了一段时间，尤其在金融危机之后，该问题的研究已取得很大进展①。但是我相信还有很多东西需要我们探究，包括贷款发放标准的变化、能否获取其他种类信贷的决定因素，以及它们和利率之间的相互关系，并分析以上因素如何影响消费支出、住房需求与住房价格、企业投资（尤其

---

① 关于这个主题的早期研究的例子，请参阅伯南克和格特勒（Bernanke and Gertler，1989）。其他重要的危机前研究包括伯南克等人（1999a），Kashyap 和 Stein（2000）以及 Peek，Rosengren 和 Tootell（2003）对银行资产负债表渠道中所做的研究工作以及银行贷款供给冲击的研究。关于银行在货币传导机制中的作用的最近总结，请参见 Peek 和 Rosengren（2013）。Chaney，Sraer 和 Thesmer（2012）为企业投资的房地产抵押渠道提供了证据，而 Mian，Rao 和 Sufi（2013）则考察了家庭资产负债表对消费的影响。

是小企业）和新企业成立等经济活动[①]。例如，我们观察到的，自房地产泡沫破裂之后，个人储蓄率持续增长，是否是由于贷款银行对贷款标准的持续收紧引起的？一旦家庭完成其家庭资产负债表的改善，或其对就业和收入前景更加自信之后，这种紧缩是否会发生变化，从而证明以上变化仅仅是暂时性的现象？[②] 这个问题的答案可能会对长期中性利率产生重大影响，从而对货币政策的实施产生重大影响。

通货膨胀的演化

第四个问题涉及货币政策的核心：什么决定了通货膨胀？

我认为，中央银行的经济学家和其他人在金融危机之前所使用的分析通货膨胀的标准框架到目前为止依然在概念上是有用的。对这个框架的简单描述大致如下[③]：通货膨胀作为一种基础趋势自 20 世纪 90 年代中期以来基本上保持不变；以前，这种趋势会随着时间的推移而变化，例如由于受到实际过去通货膨胀率或其他经济状况的影响而变化。理论和实证表明，这一趋势受到对通货膨胀预期的强烈影响，而这取决于货币政策。特别是，近年来由于美联储各种稳定通货膨胀预期的措施，我

---

① 更多的实证工作将有助于将信贷条件变化带来的支出效应与利率变动产生的支出效应分离开来，因为对后者的估计往往不经意地将前者纳入其中。总体经济的大多数实证模型没有明确地控制非利息信用因素对消费和投资的影响；因此，估计的利率效应将部分反映这些因素对利率的影响程度。有很多理由让人觉得事实是这样的，当其他条件保持不变时，利率变动会影响公司的现金流和抵押品的价值。较高的利率也会对消费者支出，尤其是住宅投资产生不利影响，这两方面都是通过迫使家庭部门将更多的收入用于偿债，并且严苛的“收入—价值”贷款标准也会使得贷款更难以取得。Gertler 和 Karadi（2015）提供了这些效应的证据，他们的研究表明，短期利率的相对较小变化与信贷成本的巨大变动相关。这种相关性和相互作用可以解释为什么一些类型的支出似乎与名义利率的变动而不是实际利率更相关；有关这一点的证据见《公平》（2004，第 3 章）。最后，在美国和海外，宽松的贷款标准、低利率等因素对住房泡沫的相对贡献仍然是一个悬而未决的话题；Agnello 和 Shucknecht（2011）提出的各国证据表明货币政策起着重要的作用，而 Dokko 和其他人（2011 年）则认为货币政策在最近一段时间里只是一个较小的影响因素。

② 请参阅 Mian，Rao 和 Sufi（2013），他们评估了杠杆率和住房的财富冲击效应在大衰退时期推动消费的作用。Justiniano，Primiceri 和 Tambalotti（2015 年）的研究表明，仅靠债务负担并不能解释“大衰退”的缓慢复苏。

③ 请参阅耶伦（2015 年）进行的更广泛讨论。

们取得了自20世纪80年代初以来降低和维持低通货膨胀率的成果。然而，稳定的通胀预期，并不能防止实际通货膨胀率因能源价格的变动或其他扰乱因素的暂时影响而逐年波动。此外，通货膨胀往往高于或低于其基础趋势，以至于资源利用比率（可作为企业边际成本的一个指标）不断地变高或变低[①]。

虽然这个分析通货膨胀的过程依然有用，但其量化特征的一些问题在大衰退和随后的缓慢复苏中显现出来。例如，近年来劳动力市场对通货膨胀的影响，比金融危机之前想的要弱。虽然通货膨胀率在经济衰退期间下降，但考虑到高企的失业率，这个下降幅度并不大。同样，随着劳动力市场逐渐恢复，工资和价格涨幅也相对较小。这种敏感度的降低是由经济衰退造成的，还是仅仅在极端情况下才显现出来，目前还不清晰[②]。无论如何，其根本原因是未知的。降低的敏感度是否反映了结构变化，例如全球化，或是无形资本在生产中的更大作用（因为其降低了国内经济活动周期波动对企业边际成本和定价能力的影响）？或许这也反映了企业不情愿——或者没有能力——降低员工名义工资，这也有助于解释我们在经济衰退期间和之后看到的相对温和的通胀率变动[③]？

---

① 在经济学文献中，通货膨胀过程的这种一般性描述被称为期望增强的菲利普斯曲线。菲利普斯曲线以最简单的形式将通货膨胀与预期通货膨胀以及经济中的资源利用强度联系起来。然而，在实践中，经验指标通常还包括供应冲击的措施，例如能源或进口货物的相对价格的变化，作为附加决定因素。菲利普斯曲线的两个众所周知的变体是传统的“加速度”规范和所谓的新凯恩斯主义菲利普斯曲线；前者使用过去通货膨胀的移动平均数来逼近通胀预期，后者则假定通货膨胀预期是“合理的”，并且与整个经济结构模型的预测一致。一些菲利普斯曲线的追随者认为，他们认可的模型可以解释金融危机期间和之后的通货膨胀行为。例如，Gordon（2013）提出证据支持加速模型，而Del Negro，Giannoni和Schorfheide（2015）支持新凯恩斯模型。

② 请参阅Blanchard（2016）关于通货膨胀对资源利用的响应如何随时间变化的证据。有趣的是，研究表明，这种敏感性在危机之前开始下降。

③ 关于下行名义工资刚性的潜在宏观经济影响的早期讨论，见Akerlof，Dickens和Perry（1996）。最近，Daly和Hobijn（2014）发展了一个模型，其中公司削减名义工资（或者两者兼有）的不情愿状态或无能力状态，在劳动力利用率和工资通货膨胀之间的关系中产生了重要的非线性。最后，Fallick，Lettau和Wascher（2015）回顾了近年来名义工资下降的证据，并探讨了随着时间的推移它与劳动力市场压力之间的相互作用。

我们另一个对通货膨胀实质的认识缺陷与预期有关。虽然许多理论模型表明，实际通货膨胀应该与短期通胀预期最密切关联，但作为一个经验性问题，长期预期的措施似乎更好地解释了这些数据①。另一个尚未解决的问题涉及的是谁的预期——是消费者的，企业的或投资者的——与工资和价格设定最为相关，经济理论对此并没有提供明确的指导。总之，预期对通货膨胀影响的确切方式需要进一步研究②。

也许最重要的是，我们需要更多地理解通货膨胀预期形成的方式，以及货币政策如何影响通货膨胀预期。最终，实际和预期的通货膨胀都与中央银行的通货膨胀目标挂钩，无论这个目标是明确的还是不明确的③。但是，这个过程是如何发生的呢？央行是否必须将实际通货膨胀率维持在目标通胀率多年，以使通货膨胀预期完全形成？政策制定者是否可以简单地宣布打算在未来追求一个特定的通胀目标，就可以直接而迅速地对通胀预期产生重大影响？或者真相存在于上述两种情况之间，即通胀预期的变化一方面需要决策者对通货膨胀目标的清晰表达沟通，另一方面也需要具体的政策行动来证明他们对这一目标的承诺，或者至少需要实际通货膨胀向着期望达到的通胀率水平方面靠拢，这样才可以证明其设定目标的可行性？尽管历史经验表明，改变公众的通胀预期既耗时间也不容易做到，但尚不清楚上述哪一种可能性是正确的④。

在许多国家，当名义短期利率等于或接近其有效下限时，如何形成

---

① 具体来说，长期通胀预期的措施与通货膨胀的长期趋势估计大致相关。见 Clark 和 Davig（2008）；另见 Faust 和 Wright（2013），他们在通货膨胀预测的背景下提出了一个相关的观点。

② 由于 Mavroeidis，Plagborg Moller 和 Stock（2014）从详尽的调查中得出结论，新凯恩斯通货膨胀方程的经验估计是："无法充分准确地把通货膨胀过程中的期望角色固定下来，以使结果对政策分析有用"。

③ 关于在一个正式的设定预期通胀目标的机制下，货币政策对通货膨胀影响的理论讨论和实证讨论，见伯南克等人（1999b）。

④ 见 Kiley（2008）关于美国货币政策与长期通胀预期调查关系的讨论；他的研究结果表明，美联储能够成功地将长期预期置于低水平，但耗时非常长，伯南克等人（1999b）基于研究了不同国家采用通胀目标管理体制的效果后，他们的结论是，通货膨胀预期"只有在实际的通货膨胀降低了一段时间后，通胀预期才开始起作用"。

（通胀）预期的问题已经变得越来越重要。在这种情况下，许多央行纷纷寻求刺激经济的途径，包括采取直接影响未来利率和通货膨胀率预期的政策。从2011年到2014年，联邦公开市场委员会（FOMC）提供的异常清晰和持续的联邦资金利率未来走向指导，就是该政策的一个典型例子，日本央行2013年上调其官方通胀目标一样也是这样性质的例子。此外，考虑到全球经济可能继续处于历史性的低利率水平，类似的以及其他的（通胀）期望策略可能在未来仍会被采用，因为只降低短期利率已不足以应对未来的经济再度发生衰退①。

基于上述原因，我希望研究人员们努力提高对通货膨胀演进及其与货币政策之间相互作用的认知。

国际关联

在结束之前，我提一下另一个需要更多研究的领域——美国货币政策的变化对其他国家财政和经济状况的影响，以及这些影响如何反过来影响我们。当然，自从大衰退以来，跨国货币政策的溢出效应一直是学术界争论的话题。对这个话题的大量正式分析可以追溯到20世纪60年代初期②。但随着大衰退之后的非常规货币政策的推出以及近年来主要发达经济体中央银行之间的货币政策分歧，这个问题又再次获得了关注。

广泛地讲，一个国家的货币政策主要通过三个渠道“溢出”到其他经济体，即：汇率变化，国内需求的变化（这会改变进口），以及国内金融市场（如利率和资产价格）的变化；之后，通过资本项目余额和其他渠道来影响国际市场的金融状况。美联储的研究表明，美国货币政策溢出效应对其他经济体是积极的——也就是说，旨在刺激美国经济

---

① 我在最近的一次演讲中讨论了这种可能性（Yellen，2016）。

② 参见蒙代尔（1963）和弗莱明（1962）。

的政策也促进了海外的经济活动，因为美元贬值的负面效果被美国进口增加以及更宽松的海外金融环境的正面效果抵消[①]。但是，这个问题以及其他一系列相关问题还远未解决，具体包括：美国的货币政策是否会对发达国家和新兴市场国家产生不同的影响？常规和非常规货币政策是否会以不同的方式“溢出”到其他国家？美国的利率和金融状况在多大程度上受到国外宽松货币措施的影响？

结论

最后，我非常欣赏波士顿联储银行组织的这次会议，它促进了我们对经济领域核心问题的研究和讨论。回答这些问题有助于美联储所做的促进经济恢复健康的努力。我感谢今天有机会与各位分享，并成为这个重要讨论的一部分。

① 见 Ammer，De Pooter，Erceg 和 Kamin（2016 年）；其他最近关于这个话题的研究还包括福田，木村，苏藤和乌盖（2013）；Georgiadis（2015）；Glick 和 Leduc（2015）；Ilzetski 和 Jin（2013）。

充满挑战的十年及未来面临的问题

耶伦主席

全国经济学家俱乐部

华盛顿特区

2017 年 10 月 20 日

很高兴在全国经济学家俱乐部发表演讲，我也很荣幸能够与赫伯·斯坦因联系在一起。他的公共服务和学术研究以仔细的分析、清晰的实用主义和敏锐的智慧为特征，是我们行业中的翘楚。他愿意考虑新的想法和政府方针政策，而这种开放性正符合我今天演讲的主题。我将讨论自金融危机和大衰退以来，美联储采用的非传统货币政策工具，以及这些工具在应对未来经济挑战中可能发挥的作用。

大约十年前，随着我国陷入 20 世纪 30 年代“大萧条”以来最严重的经济和金融危机，联邦公开市场委员会（FOMC）面临完成国会要求的充分就业和价格稳定目标的重大挑战，即：在我们主要的常规政策工具——联邦基金利率被降低到基本为零的情况下如何支持疲软的美国经济？而解决这个问题，最终导致了第二个挑战，即：怎样确保我们在不再需要这些政策时，能够有序缩减非常规的货币政策调节。如果无力应付上述任何一个挑战，就会使我们促进充分就业和价格稳定的能力大打折扣，从而对数百万美国人的生计造成严重后果。

今天我可以说，我们已经成功应对了第一个挑战，并取得了应对第二个挑战的很好进展。部分归功于危机后的货币政策调控——尤其是通过加强远期利率指导和大规模资产采购——美国经济取得了长足的进步。的确，现在经济运行在最高就业水平，而且未来几年通胀率预计将升至联邦公开市场委员会（FOMC）所确定的2%的目标。FOMC已经缩减了应对大衰退推出的货币政策调控规模。由于我们有权对超额准备金支付利息，所以取消政策调控的过程运作良好。

在提及最近开始的缩减联储资产负债表相关问题之后，我们需要解决一个关键问题：我们为应对大衰退而部署的非常规政策工具的未来作用是什么？当然，在正常情况下，影响短期利率应继续作为我们主要的货币政策杠杆，但如果未来经济下行将短期利率压至有效下限，我们可能会再次需要非常规的政策工具。的确，实证分析表明，中性联邦基金利率（定义为当经济运行在潜力水平附近时既非扩张亦非紧缩的联邦基金利率水平）比前几十年低得多。因此，即使在没有重大的金融和经济危机的情况下，短期利率需要再降低到有效下限的可能性是非常高的。

我将回到关于各种政策工具未来的问题上。但首先，我想回顾一下我们这十年来的经验，因为经验是对解决未来问题的指导。

迎接提供额外政策调控的挑战

大量的证据表明，今天的美国经济要比美联储未采取应对大衰退的非常规货币政策工具情况下的经济强劲得多。我们采用了两个主要工具，即：大规模的资产购买和对未来短期利率走向预期的沟通。采用这些工具的理由很简单：在2008年后期，我们的短期利率已接近于零，所以我们已无法进一步降低短期利率。因此，联邦公开市场委员会采用日益明确的远期利率指导和资产购买来对仍然远高于零的长期利率施加下行压力。

长期利率一定程度上反映了金融市场参与者对未来短期利率走势的预期。因此，FOMC影响这些预期的对外沟通（例如，大衰退后我们在会议声明中提供的加强远期利率指引）可能会影响长期利率①。此外，

① 在大衰退之前，FOMC偶尔提供远期利率指导，但指导通常限于相对较短的时间范围。

长期利率包含期限溢价，也就是投资者要求的与长期证券相关的风险利率补偿。当美联储在公开市场上购买长期证券时，公众可收购证券的存量就会下降，并推高了这些证券的价格，降低其收益率，并降低了长期利率，减少了期限溢价①。几项研究发现，我们的远期利率指导和资产购买显著降低了长期利率②。

FOMC 降低长期利率的目的，是帮助美国经济从衰退中恢复，并遏制抑制通货膨胀的力量。有人认为，经济复苏步伐缓慢，证明我们的非常规政策工具是无效的。但是，应该认识到，如果没有非常规工具，经济复苏可能会慢很多。实际上，有证据明确地表明，远期利率指导和证券购买——通过大幅降低数百万美国家庭和企业的借贷成本，放松整体融资环境——有助于显著刺激消费和企业开支，降低失业率，并避免了通货紧缩的压力③。

在金融危机后，其他国家央行也部署了非常规政策工具④。他们的经验证据也支持了这种观点，即非常规政策工具在它们本国的短期利率降至接近零甚至低于零之后，有助于刺激它们国家的经济活动⑤。

---

① 除了抑制期限溢价之外，如果公众认为这些购买行为是短期利率可能会比先前预期的更低的信号，那么美联储的大规模资产购买亦会进一步降低长期收益率。

② 例如，参见 Eric T. Swanson 和 John C. Williams（2014），“衡量零下限对中期和长期利率的影响”，《美国经济评论》第104卷（10月），第3154－3185页；Joseph Gagnon，Matthew Raskin，Julie Remache 和 Brian Sack（2011），“美联储大规模资产购买的金融市场效应”，《国际中央银行学报》第7卷（3月），第3－43页，www. ijcb. org/journal/ijcb11q1a1. pdf；Stefania D’Amico，William English，David Lopez－Salido 和 Edward Nelson（2012），“美联储的大规模资产购买计划：理由和影响”，《经济学期刊》第122卷（11月），第415－446页。

③ 例如，参见 Eric M. Engen，Thomas Laubach 和 David Reifschneider（2015），“美联储非常规货币政策的宏观经济影响”，《财年经济讨论系列》，2015（华盛顿：联邦储备系统理事会，1月），http：//dx. doi. org/10. 17016/FEDS. 2015. 005. 5。

④ 在危机之前，日本银行已经部署了非常规工具。

⑤ 例如 Andrew G. Haldane，Matt Roberts Sklar，Tomasz Wieladek 和 Chris Young（2016），“QE：迄今为止的故事”，《工作文件》第624号（伦敦：英格兰银行，10月），http：//www. bankofengland. co. uk/research/Documents/workingpapers/2016/swp624. pdf；Luca Gambetti 和 Alberto Musso（2017）：“欧洲央行扩大资产购买计划（APP）的宏观经济影响”，《欧洲央行2075年工作文件》，法兰克福：欧洲中央银行，6月 http：//www. ecb. europa. eu/pub/pdf/scpwps/ecb. wp. 2075. en. pdf。

迎接缩减调控规模的挑战

2014 年，美国经济在 FOMC 最大就业和价格稳定目标方面取得了显著进展。失业率在年中下降到 6%，远低于 10% 的大衰退峰值，其他劳动力市场指标也显著改善。此外，以个人消费支出价格指数衡量的通货膨胀在 2013 年中徘徊在 1% 左右，到 2014 年中期已经达到了约 1.75%。作为对这一情况的反应，美联储将重点从提供额外的货币政策手段转向缩减调控规模①。当时 FOMC 面临的主要问题是：如何在联储已大幅扩张资产负债表的情况下，减少政策调控程度。

一种可能的方法是，在短期利率仍处于下限的情况下，减少美联储的证券持有量。我们可以允许证券从美联储资产负债表中“转出”，甚至出售证券，以（压低证券价格并）对长期利率施加上行压力，同时确保证券减持的速度和结构符合我们最大就业和价格稳定的目标。最终，一旦我们所持证券规模缩减足够，FOMC 将开始向上微调短期利率目标运作。

这种“后入先出”做法的一个问题是，FOMC 在确定资产出售的速度和组合方面没有任何经验，包括其对实际和未来经济状况的影响。事实上，正如所谓的 2013 年“缩表”恐慌症所演示的那样，即使只是谈及我们持有证券的未来变化，也会引发金融市场状况的意外突然变化。

鉴于缺乏缩减政策调控规模的减持资产经验，以及精心校准政策调控的必要性，FOMC 允许联储证券持有调整在委员会的“正常化战略”中发挥次要作用。FOMC 决定缩减调控规模的主要工具是影响短期利率，而非“缩表”。

正如在 2014 年 9 月发布的“正常化原则”中所解释的那样，FO-

① 见 Janet L. Yellen（2017），“从增加调整到缩水”，在芝加哥的高管俱乐部发表的演讲，3 月 3 日，www. federalreserve. gov/newsevents/speech/yellen20170303a. htm。

MC 决定维持整体规模的美联储证券持有量处于较高水平，直到 FOMC 开始提高短期利率之后的某个时间点①。一旦联邦基金利率水平“运行正常”，且委员会判断经济扩张足够强大以至于需要进一步提高短期利率，FOMC 将通过允许美联储以证券持有量“转出”的方式，来逐步和可预见地缩小资产负债表规模——即不将所有收回的本金全部重新投资，从而让我们的资产负债表“被动”收缩②。

FOMC 所选削减调控规模做法的一个优点是，FOMC 和公众都有几十年的短期利率调整经验，以应对经济状况的变化。尽管如此，危机后的环境对 FOMC 影响短期利率的能力也提出了新的考验。

在危机之前，FOMC 可以通过从银行体系中移除少量储备提高联邦基金利率——即拥有超额准备金的银行贷款给缺乏准备金银行的利率。这将导致更高的联邦基金利率，因为储备相对稀缺。缘由很简单：FOMC 表示会收紧储备市场，市场获得储备的成本——联邦基金利率——将会上升。其他市场利率也随之上涨。

然而，危机之后，储备充足，因为美联储通过增加储备金来为其大规模的资产购买提供资金——将那些向美联储出售资产的人的银行账户记入贷方。而且，鉴于 FOMC 决定不出售其收购的长期证券，在可预见的未来储备仍将充裕。因此，到了退出调控的时候，委员会的关键问题是：如何在储备充裕的情况下，提高联邦基金利率。回答该问题的重要

---

① 关于 FOMC 政策的信息参见理事会网站 https://www.federalreserve.gov/monetarypolicy/policy-normalization.htm。

② 联邦公开市场委员会于 2015 年 12 月宣布，预计维持其再投资政策，直至联邦基金利率水平正常化进程处于“成功进行中”。该公告可参见董事会网站 https://www.federalreserve.gov/monetarypolicy/files/monetary20151216a1.pdf。最近，在 2017 年 6 月，联邦公开市场委员会提供了关于减少美联储证券持有量的方法的更多细节，表明一旦资产负债表正常化计划开始实施，从美联储持有的证券获得的本金付款将仅只有这些付款超过了每个月上限时才会被用于再投资。上限将逐渐上升，但在正常化过程中将一直存在。2017 年 6 月的公告“政策规范化原则和计划补遗”可在董事会网站上查阅：https://www.federalreserve.gov/monetarypolicy/files/FOMC_PolicyNormalization.20170613.pdf。

部分是联储支付超额准备金利息的权力[①]。国会于2006年授予美联储这一权力，并于2011年生效。2008年秋，国会将生效日期提前至2008年10月。

有权对超额准备金支付利息意味着，无论银行体系内有多少超额准备金，联储都可以影响联邦基金利率和其他短期利率。新框架的机制很简单：银行通常只会以接近或高于从美联储挣取的利率提供短期资金。因此，如果美联储提高其支付的利率，其他短期贷款利率很可能上涨[②]。这种提高短期利率的新方法运作良好：自2015年12月以来，我们提高了超额准备金利率以及联邦基金利率目标100个基点，实际联邦基金利率也相应上涨[③]。

对我们资产负债表策略的仔细观察

鉴于我们最近决定本月开始减持证券，我想讨论一下资产负债表策略的几个方面[④]。FOMC预计，其在加息之前将维持美联储证券持有量规模处于较高水平会给长期利率施加一定的下行压力，而且该压力会延续到资产购买计划结束后。尽管持有证券对长期利率的影响有一定不确

---

① 关于实施短期利率决策前后的危机框架的讨论，请参见简·伊里格，Ellen E. Meade和Gretchen C. Weinbach（2015年），“改写货币政策101：什么是美联储首选的危机后的方法来提高利率?”《经济展望杂志》，第29卷（Fall），第177-198页，http：//pubs. aeaweb. org/doi/pdfplus/10. 1257/jep. 29. 4. 177。

② 美联储创造了必要时使用的补充工具来帮助加强其在储备充裕时对短期利率的影响力。例如，隔夜逆回购协议机制允许包括符合条件的货币市场基金、政府发起的企业、经纪商和存款机构在内的各种交易对手以美联储决定的利率在联邦储备银行隔夜投资。

③ 关于FOMC联邦基金利率目标范围上涨如何转移到其他短期利率的讨论，请参阅Alyssa Anderson，Jane Ihrig，Mary Frances Styczynski和Gretchen C. Weinbach（2017年）的“美联储如何三次把利率上调传导到选定的短期利率上?”美联储债券（华盛顿：联邦储备系统理事会，6月2日），https：//www. federalreserve. gov/econres/notes/feds-notes/how-have-the-feds-three-rate-hikes-passed-through-to-selected-short-term-interest-rates-20170602. htm。

④ 联邦公开市场委员会宣布开始实施资产负债表正常化计划，可见于董事会的网站；见美联储理事会（2017），“联邦储备委员会FOMC声明”，新闻稿，9月20日，https：//www. federalreserve. gov/monetarypolicy/files/monetary20170920a1. pdf。

定性，但最近的一项研究报告指出，2016 年年底美联储证券持有量将10 年期美国国债收益率期限溢价减少了大约 1 个百分点[①]。

FOMC 最终将开始逐步和可预见地削减证券持有量的指导策略意味着，随着金融市场参与者预计资产负债表正常化开始，长期收益率的下行压力可能会随着时间的推移而逐渐减弱及消失。事实上，随着这一进程的进行，现在我们的证券持有数量对 10 年期国债的期限溢价的下压效果已经低于去年底报告的 1 个百分点。

若干因素表明，我们持有证券对期限溢价的下行压力可能随着持股的收缩而逐渐减少。例如，正如我已指出的那样，我们打算通过减少收到的本金还款的再投资，而不是出售资产来缩减资产负债表，就此我们已经对市场沟通好几年了。因此，随着资产负债表削减（“缩表”）计划的实施，我们并不预期期限溢价会跳跃性上升。此外，我们持有证券的到期日分布决定了，我们所持的规模需要几年时间才能通过“转出”的方式逐步正常化[②]。

随着我们减少资产负债表规模，对长期利率的下行压力只会逐渐下降；这与我们扩大资产负债表时，这个压力很快作用起来形成了鲜明对比。为了理解这种差异，请记住，与我们的资产负债表缩小计划不同，我们资产购买在各阶段在不同程度上都有令人吃惊的成分。每次资产购买公告都会给长期收益曲线留下明显印记。而且，每一次资产购买都导致在相对短的时间内，我们迅速增加持有证券，而正常化过程则是在多年内逐渐显现出来的。

---

① 见 Brian Bonis，Jane Ihrig 和 Min Wei（2017），“SOMA 投资组合的预测演变和 10 年期国债溢价效应”，FEDS 债券（华盛顿：美联储系统董事会，9 月 22 日），https：//doi. org/10. 17016/2380 – 7172. 2081。

② 此外，正如联邦公开市场委员会 6 月份宣布的那样，委员会决定限制美联储持有的证券，使资产负债表正常化进程更可预测和更加渐进。联邦公开市场委员会的公告可在董事会网站上查阅，见美联储理事会（2017），“FOMC 发布政策正常化原则和计划补遗”，新闻稿，6 月 14 日，https：//www. federalreserve. gov/newsevents/pressreleases/monetary20170614c. htm。

迄今为止，我关注的是期限溢价对“缩表”的可能反应。让我暂时把注意力转向长期收益率的可能回应。正如我所指出的那样，长期收益率反映了期限溢价加上未来短期利率走势的预期。尽管证据表明，长期收益率对我们的资产购买产生了强烈反应，但可以想象的是，这些收益率对我们的资产负债表缩减计划的反应要小得多。

考虑一个假设情景，FOMC 决定不依靠缩减资产负债表来减少政策调控，而是选择继续无限期地重新投资美联储收到的所有本金。如果金融市场参与者认为经济前景没有变化，FOMC 没有意图改变货币政策的整体立场，那么委员会将资产负债表规模保持不变的态度将被视为 FOMC 将更多地依靠短期利率的提高来缩减调控规模，导致短期利率上涨的步伐更快。两相抵扣，长期收益率可能不会受到这种假设情景的影响，即：虽然减少对缩表的重视会降低期限溢价并使长期收益率下降，但预期短期利率上升的步伐将使长期收益率上升①。

未来的一个关键问题

随着金融危机和大衰退逐渐过去，货币政策的未来立场逐渐恢复正常，一个自然的问题是：在危机后部署的非常规政策工具未来可能发挥的作用。我和 FOMC 的同事们认为，只要有可能，通过设定联邦基金利率目标来影响短期利率应该是我们的主要工具。正如我已经提到的，我们有很长的历史，使用这个工具来实现我们的法定目标。相比之下，我们利用持有证券来实现目标的经验却十分有限。

那么这个评估对我们的非传统政策工具意味着什么呢？如果我们的传统工具达到极限，我相信非传统工具的应用应被再次考虑——也就是

① 相比之下，当美联储购买资产时，短期利率处于有效下限，他们预计这将在可预见的将来都被维持。因此，购买额外资产的决定以及由此带来的额外的长期溢价下行压力并没有被短期利率走高的预期所抵消。最终的结果是，在金融危机之后的那几年，资产购买有更大的潜力可以对长期收益产生明显的影响。

说，当联邦基金利率达到有效下限时，美国经济仍需要进一步的货币政策调控手段。

这是否意味着我们的非常规工具将只会在下一个大衰退时再度出现？事实不一定是这样。最近的研究表明，联邦基金利率的中性水平似乎远低于前几十年的水平①。事实上，大多数 FOMC 成员现在将中性联邦基金利率的长期价值判断为 2.75% 左右，相比之下，几年前约为 4.25%②。在联邦基金利率偏低的情况下，FOMC 为了应对经济下滑而下调短期利率的空间较小，这提高了我们再次需要采取措施，例如加强远期利率指导和资产购买，以提供所需政策调控的可能性③。

当然，短期利率中性水平的估算充满不确定性。在这方面，有一个重要的不对称需要考虑。如果中性利率显著高于我们目前估计的水平，那么我们不得不再次部署非常规工具的可能性就更小。相反，如果中性利率与我们估计的一样低甚至更低，我们将很高兴使用我们工具箱中的非常规工具。

底线是我们必须认识到，非常规工具可能将不得不被再次使用。如果我们确实生活在一个低中性利率的世界，那么一个比大衰退轻得多的

---

① 例如，见 James D. Hamilton，Ethan S. Harris，Jan Hatzius 和 Kenneth D. West（2015），“均衡真实基金评级：过去，现在和未来”，《国家经济研究局工作文件系列》，剑桥，马萨诸塞州：国家经济研究局，8 月；奥利维尔·布兰查德（Olivier Blanchard，2016），“美国国债收益率曲线的三个备注”，彼得森国际经济研究所，实时经济问题观察（博客），6 月 22 日，https：//piie. com/blogs/realtime - economic - issues - watch/three - remarks - us - treasury - yield - curve；和 Thomas Kathryn Holston，Thomas Laubach John C. Williams（2016），“测量自然利率：国际趋势和决定因素”，2016 - 11 工作报告系列（旧金山：旧金山联邦储备银行，12 月）www. frbsf. org/economic - research/files/wp2016 - 11. pdf。

② 联邦公开市场委员会参与者最近对联邦基金利率的预测在委员会 2017 年 9 月会议纪要的增编中进行了讨论，见联邦储备委员会网站上的新闻稿 https：//www. federalreserve. gov/newsevents/pressreleases/monetary20171011a. htm。

③ 见 Janet L. Yellen（2016），“美联储的货币政策工具包：过去，现在和将来”的演讲，在由堪萨斯城联邦储备银行主办的“为未来设计弹性的货币政策框架”会议上发表的演讲，会议于 8 月 26 日举行。https：//www. federalreserve. gov/newsevents/speech/yellen20160826a. htm；和 David Reifschneider（2016），“衡量联邦公开市场委员会应对未来衰退的能力”，《金融和经济讨论系列》，2016，华盛顿：联邦储备系统理事会，8 月，http：//dx. doi. org/10. 17016/FEDS. 2016. 068。

经济下滑，足以将短期利率推回到有效下限。

结论

让我简短地总结一下。由于大衰退，美联储过去几年中面临着两大挑战：①在短期利率达到有效下限之后，FOMC 不得不提供额外的政策调控；②随着我们在完成复苏任务方面取得进展，我们不得不在已大幅扩张资产负债表的情况下，缩减调控规模。

今天我强调了 FOMC 在应对这些挑战方面的两个经验。

第一，美联储在危机后部署的货币政策工具——即明确的远期利率指导，大规模的资产购买和对超额准备金支付利息——帮助我们克服了危机的挑战。

第二，鉴于短期利率中性水平大幅低于前几十年的水平，未来货币政策制定者不得不再次面对上述两个挑战的可能性非常高。出于这个原因，如果短期利率回到有效下限，我们必须保持我们的非常规政策工具随时可以被再次部署。